Photoshop 7 zum Nachschlagen

Horst-Dieter Radke
Jeremias Radke

Fast alle Hard- und Software-Bezeichnungen, die in diesem Buch erwähnt werden, sind gleichzeitig auch eingetragene Warenzeichen und sollten als solche betrachtet werden. Der Verlag folgt bei den Produktbezeichnungen im Wesentlichen den Schreibweisen der Hersteller. Der Verlag hat alle Sorgfalt walten lassen, um vollständige und akkurate Informationen in diesem Buch bzw. Programm und anderen evtl. beiliegenden Informationsträgern zu publizieren. SYBEX-Verlag GmbH, Düsseldorf, übernimmt weder die Garantie noch die juristische Verantwortung oder irgendeine Haftung für die Nutzung dieser Informationen, für deren Wirtschaftlichkeit oder fehlerfreie Funktion für einen bestimmten Zweck. Ferner kann der Verlag für Schäden, die auf eine Fehlfunktion von Programmen, Schaltplänen o. Ä. zurückzuführen sind, nicht haftbar gemacht werden, auch nicht für die Verletzung von Patent- und anderen Rechten Dritter, die daraus resultiert.

Projektmanager: Simone Schneider
DTP: Alright-Publishing, Getelo
Endkontrolle: SYBEX-Verlag GmbH, Düsseldorf
Umschlaggestaltung: Guido Krüsselsberg, Düsseldorf
Farbreproduktion: Fischer GmbH, Willich
Belichtung, Druck und buchbinderische Verarbeitung: LegoPrint S.p.A., Lavis (Italien)

ISBN 3-8155-0472-4

1. Auflage 2002

Alle Rechte vorbehalten. Kein Teil des Werks darf in irgendeiner Form (Druck, Fotokopie, Mikrofilm oder in einem anderen Verfahren) ohne schriftliche Genehmigung des Verlags reproduziert oder unter Verwendung elektronischer Systeme verarbeitet, vervielfältigt oder verbreitet werden.

Printed in Italy

Copyright © 2002 by SYBEX-Verlag GmbH, Düsseldorf

Inhaltsverzeichnis

Teil 1: Schritt-für-Schritt-Anleitungen

1. Bildbearbeitung mit Photoshop **11**

    Voraussetzungen **11**

    Was kann Adobe Photoshop (ein Überblick) **13**

    Was ist neu in Photoshop 7.0 .... **15**

    Für wen ist Photoshop 7.0 geeignet **16**

    Die Geschichte von Adobe **17**

2. Photoshop installieren, einrichten und kennen lernen   **19**

    Photoshop installieren **19**

    Photoshop einrichten **22**
        Farbeinstellungen **22**
        Voreinstellungen: Werkzeuge **24**
        Programmeinstellungen anpassen **25**

    Photoshop aktualisieren **29**

    Photoshop kennen lernen **31**
        Die Arbeitsoberfläche von Photoshop **31**

    So kommen Bilder in den PC **35**
        Mit Photoshop arbeiten **37**

    Mit Photoshop malen und schreiben **40**

    Texte erstellen **41**

    Ein Bild für das Web herstellen **44**

    Mit ImageReady 7.0 arbeiten **45**

3. Mit Photoshop arbeiten 49

Funktionen zur Bildbearbeitung 49

Bilder anpassen 49
- Bilder vergrößern 49
- Bilder skalieren – Ändern der Auflösung 53
- Bildpunktberechnung oder Interpolation 54
- Bilder beschneiden 57
- Bilder drehen 62
- Bilder spiegeln 65

Bilder in andere Formate konvertieren 66
- Warum gibt es verschiedene Formate? 66
- Farbtiefe 66
- Die einzelnen Formate im Überblick 67
- Die Farbpaletten 68
- Als *GIF*-Datei speichern 69
- Farbübergänge simulieren durch Dithering 72
- Bilder im *JPEG*-Format für das Web speichern 73
- Bilder im *JPEG*-Format für den Webeinsatz optimieren 76
- Bilder ins *TIFF*-Format konvertieren 77
- Kontrast verbessern 82
- Kontrast und Helligkeitsänderung manuell vornehmen 83
- Staub und Kratzer entfernen 85
- Flecken und Kratzer mit dem Stempel entfernen 87
- Reparaturpinsel-Werkzeug zur Bildnachbearbeitung 88
- Tonwertkorrektur vornehmen 90
- Auto-Tonwertkorrektur 91
- Die *manuelle Tonwertkorrektur* 92
- Tonwertkorrektur im Detail 96
- Mit dem Histogramm arbeiten 98
- Gradationskurve zur Farbkorrektur nutzen 100
- Ein Bild entfärben 106
- Teile eines Bildes entfärben 107

Farbanteile korrigieren 109

Filter 110
- Ein Hintergrundmuster mit Hilfe von Filtern erstellen 111
- Mit Beleuchtungsfiltern arbeiten 114
- Filter teilweise zurücknehmen 117
- Filter mit metallischem Effekt – der Chromfilter 119

Mit Schriften arbeiten **122**
    Das Textwerkzeug benutzen 122

Mit Ebenen arbeiten **124**
    Die Ebenen-Palette benutzen 124

Ebenen-Effekte hinzufügen **128**
    Neue Füll- oder Einstellungsebenen erstellen 131
    Eine neue Ebene erstellen 134
    Ebenen duplizieren 135
    Ebenen in ein anderes Bild duplizieren 136
    Alle Ebenen zu einer Ebene zusammenfassen 137
    Scannen mit Photoshop 137

Drucken mit Photoshop **139**

Seite für den Druck einrichten **141**
    Druck mit Vorschau 143
    Druck mit Optionen 145
    Bilder an die Druckerei geben 148
    Beschriftungen mitdrucken 149

4. Tipps & Tricks **151**

Bilder freistellen **151**
    Objekte im Bild freistellen und bearbeiten 152
    Hintergrund freistellen und ändern 156
    Ein Objekt freistellen für ein Titelbild 159

1-Bit-Bilder erstellen **163**

Eine weitere Methode, um ein 1-Bit-Bild zu erstellen **166**

Ein Bild mit einem unregelmäßigen Rahmen aufwerten ... **167**

Unscharfe Bilder verbessern **170**
    Unscharf Maskieren 174
    Konturen scharf zeichnen 176

Eine Fotomontage erstellen **176**

Fehlerhafte Stellen im Bild ausbessern **179**

Mit Photoshop für das Internet arbeiten **181**

Hintergrundbild für Webauftritt erstellen	**182**
Hintergründe für die Homepage kreieren	182
Einen Hintergrund aus Text erstellen	182
Ein Bild als Hintergrund	184
Eine Bildergalerie fürs Web aufbauen	**190**
Die Fotogalerie automatisch erstellen	190
Die Fotogalerie anpassen	192
Slices – oder wie man mit der digitalen Schere arbeitet	**194**
Ein Slice erstellen	194
Ein Slice mit ImageReady weiter verarbeiten	196
Ein Wasserzeichen erstellen	**200**
Elemente für Webseiten	**204**
Eine Linie gestalten	204
Einen Kreis gestalten	205
Weitere Zeichen erstellen	207
Ein 3D-Rechteck gestalten	208
Schrifteffekte fürs Web	**210**

Teil 2: Referenz

Referenz	**217**
Aktion rückgängig machen	217
Arbeitsschritte rückgängig machen	218
Auflösung	218
Auto-Tonwertkorrektur	219
Bild duplizieren	220
Bilder drehen	220
Bilder spiegeln	221
Datei-Browser	221
Datei öffnen	223
Datei speichern	224
Datei speichern für das Web	225
Dateiformate	227
Deckkraft einer Ebene ändern	228

Drucken	228
Farbbalance	230
Farbe ersetzen	231
Farbtiefe	232
Farbton und Sättigung	234
Freistellen	234
Gradiationskurven	236
Helligkeit und Kontrast	237
Histogramm	237
Interpolation	239
Kompression	239
Muster erstellen und anwenden	240
Neue Funktionen in Photoshop 7.0	242
Neues Bild erstellen	243
Plugins	244
Seite einrichten	245
Selektive Farbkorrektur	246
Slices	246
Tastaturkombinationen zum Anzeigen, Auswählen, Bewegen	248
Tastaturkombinationen Werkzeuge	249
Text	249
Tonwertangleichung	250
Tonwertkorrektur	250
Transformieren	253
Variationen	253
Vorgaben-Manager	254
Werkzeugleiste	256
Wörterliste (Englisch-Deutsch)	260
Wörterliste (Deutsch-Englisch)	269

Stichwortverzeichnis 279

Teil 1
Schritt-für-Schritt-Anleitungen

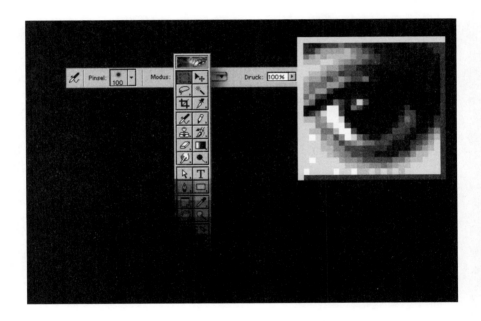

1. Bildbearbeitung mit Photoshop

Voraussetzungen

Die Zeiten, in denen nur Profis Bilder so verändern und bearbeiten konnten, dass nachher ein anderes Bild herauskam oder aus einem fast unbrauchbaren Bild ein nahezu optimales Ergebnis wurde, sind endgültig vorbei. Es ist kein teures Fotolabor und es sind keine diffizilen Kenntnisse in Fotochemie und Optik mehr nötig, um so etwas zu erreichen. Es genügt ein PC und eben Photoshop. Ja sogar auf Scanner und Digitalkamera kann man verzichten, da jedes Labor heute die Bilder Ihres Kleinbildfilmes auch auf Foto-CD brennt.

Der PC darf allerdings nicht unterdimensioniert sein, da Bildbearbeitung eine nicht unerhebliche Rechenleistung fordert. Adobe schlägt für einen Windows-PC vor:

- Einen Prozessor der Intel Pentium III- oder -4-Klasse bzw. einen AMD Athlon Thunderbird oder Athlon XP. Das ist sicher keine schlechte Wahl. Auf meinem Notebook mit einem Intel Celeron funktioniert Photoshop zwar langsamer, aber dennoch gut.
- Das Betriebssystem sollte Windows ab Windows 98, Windows NT mit Service Pack 6a, Windows 2000 mit Service Pack 2 oder Windows XP sein. Arbeiten Sie noch mit Windows 95, so sollten Sie aufrüsten.
- Der Arbeitsspeicher sollte auf 128 MByte, besser auf 192 MByte aufgerüstet sein. Hier sollten Sie aber nicht knausern, sondern besser 256 MByte oder 512 MByte einbauen. Dabei bringt DDR-RAM erhebliche Vorteile gegenüber dem einfachen SD-RAM. Kürzere Ladezeiten der Bilder können den Arbeitskomfort erheblich erhöhen.
- Die Festplatte sollte 280 MByte freien Speicherplatz haben. Das ist aber bei einer intensiven Nutzung nicht einmal ansatzweise genug. Es sei denn, Sie lagern die bearbeiteten Bilder immer gleich auf externe Datenträger (ZIP, CD-ROM etc.) aus, was allerdings erheblich längere Ladezeiten zur Folge hat. Hier sollten Sie daher besser im GByte-Bereich rechnen.
- Der Monitor sollte nach Adobe eine Auflösung von 800 x 600 zulassen und es sollte eine Grafikkarte (mindestens 16 Bit Farbtiefe und 16 MByte Grafikspeicher) eingebaut sein. Soll für das Internet mit Photoshop gearbeitet werden, ist das sicherlich ausreichend. Ansonsten ist jeder bessere Monitor und jede bessere Grafikkarte zu empfehlen.

- Darüber hinaus sollten Sie freie Schnittstellen (möglichst USB) für Drucker, Scanner und evtl. die Digitalkamera am PC haben oder diesen notfalls aufrüsten (ein USB-Hub ist weder teuer noch kompliziert anzuschließen!). Firewire ist wesentlich schneller als USB und bringt große Vorteile beim Kopieren der Fotos von Digital-Kamera oder Digi-Cam auf den PC, ist aber in der Windows-Welt noch nicht so verbreitet wie in der Apple-Welt.
- Sie benötigen eine gute Maus und eine ruhige Hand. Zu empfehlen ist eine optische Maus mit zwei Sensoren, die eine entsprechend hohe Auflösung hat.

Bei einem Macintosh-PC sehen die Anforderungen ähnlich aus:

- Es wird ein PowerPC-Prozessor (G3, G4 oder G4 Dual) benötigt.
- Das Betriebssystem sollte Mac OS Version ab 9.1 oder Mac OS X Version ab 10.1.3 sein.
- Der Festplattenspeicher wird von Adobe mit mindestens 320 MByte angegeben.
- Ansonsten sind die Anforderungen des Windows-PC entsprechend zu übernehmen.

Adobe Photoshop 7.0 gibt es in zahlreichen Sprachversionen. Leider lassen diese sich nicht nach Belieben aus einem Menü auswählen und einstellen. Deshalb ist auch die englische Version in Deutschland durchaus verbreitet, zudem ist sie auch etwas preiswerter als die deutsche Version. In diesem Buch werden deshalb die englischen Menüs und Befehle angegeben und wo nötig durch die deutschen Entsprechungen ergänzt.

Adobe liefert das Programm außerdem noch in den folgenden Sprachversionen aus: Arabisch, Chinesisch (traditionell), Chinesisch (vereinfacht), Dänisch, Finnisch, Französisch, Hebräisch, Italienisch, Japanisch, Koreanisch, Mittlerer Osten, Niederländisch, Norwegisch, Polnisch, Portugiesisch (Brasilien), Schwedisch, Spanisch, Tschechisch und für Zentral- oder Osteuropa.

Was kann Adobe Photoshop (ein Überblick)

Photoshop ist ein Programm zur Bildbearbeitung sowohl für den Druck als auch für das Internet (Web). Eine komplette Leistungsbeschreibung in knapper Form kann auf wenigen Seiten kaum realisiert werden. Hier der Übersicht halber die wichtigsten Merkmale:

Photoshop bietet:

- Leistungsstarke Malwerkzeuge und Pinsel, mit denen Maltechniken simuliert werden können.
- Mit Zeichenstift-Werkzeugen können präzise Zeichnungen erstellt werden.
- Hintergrundstrukturen können mit den Mustererstellungsfunktionen fast automatisch generiert werden.
- Es stehen Ebeneneffekte zur Verfügung, die editierbar sind.
- Außerdem können über Ebenenstile mehrere Effekte gleichzeitig angewandt werden.
- Mehr als 95 Spezialeffektfilter sind einsetzbar.
- Mit den Verflüssigen- und Turbulenz-Werkzeugen können Bilder präzise verzerrt werden.
- Fotos können mit Farbkorrekturwerkzeugen bearbeitet werden.
- Mittels Reparatur-Pinsel lassen sich Schönheitsfehler in Fotos entfernen.
- Es gibt Ebenen für editierbares Bildmaterial.
- Es kann präzise maskiert werden.
- Wasserzeichen können zum Schutz von Bildern im Internet eingefügt werden.
- Mittels leistungsstarker Freistellungswerkzeuge können Elemente aus Bildern/Fotos herausgeschnitten werden.
- Es sind Werkzeuge zur Definition von Slices vorhanden.
- Transparenzfunktionen lassen sich auf Bilder und Objekte anwenden, so dass sie in jeden Hintergrund eingefügt werden können.
- Für die hoch auflösende Darstellung in kritischen Bereichen können Kanäle verwandt werden.
- Es gibt Vektorausgabeoptionen für auflösungsunabhängigen Text und Formen.
- Es können GIF-Animationen erstellt werden.
- Es gibt eine Dokumentstatus-Palette zum Verwalten von Rollovern, Animationen und Imagemaps.
- Über eine weitere Rollover-Palette besteht Zugriff auf Slices, Rollovers, Imagemaps und Animationen.
- Es lassen sich Imagemaps, URL-Links und Cascading Style Sheets (CSS) erstellen.

Das im Paket enthaltene Programm ImageReady (von der Version 3.0, die Photoshop 6.0 beilag, jetzt zur Version 7.0 mutiert) überschneidet sich in manchen Funktionen mit Photoshop. Das Programm bietet eine komfortable Rollover-Palette, die alle im Dokument enthaltenen Slices, Rollovers, Imagemaps und Animationen vereint.

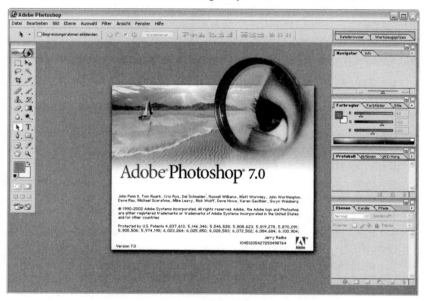

ImageReady ist das ideale Zusatzprogramm für Webdesigner.

- Photoshop besitzt kontextsensitive Optionsleisten (Symbolleisten). Wird ein bestimmtes Werkzeug ausgewählt, steht eine dazu passende Symbolleiste zur Verfügung.
- Eine Protokoll-Palette erlaubt auch die Rückverfolgung der Arbeitsschritte, die Wiederholung mehrerer Schritte und das mehrstufige Rückgängigmachen.
- Bilder können über Ebenen organisiert und editiert werden.
- Es gibt Werkzeugvoreinstellungen, die Sie nach und nach Ihren persönlichen Bedürfnissen anpassen und abspeichern können.
- Es kann aus einer ganzen Reihe von Maßsystemen ausgewählt werden.
- Arbeitsschritte lassen sich in Photoshop auch automatisieren: häufige und immer wiederkehrende Produktionsschritte können durch Stapelverarbeitung optimiert werden; es gibt Funktionen zum Extrahieren von Bildern und automatische Farbkorrekturbefehle zur schnellen Farbkorrektur.

1. Bildbearbeitung mit Photoshop 15

Insbesondere für die „Textverarbeitung" gibt es leistungsfähige Werkzeuge:

- Vektortext sorgt dafür, dass Text editierbar bleibt, bis er in ein Rasterbild umgewandelt wird.
- Texteffekte, wie z. B. Textverkrümmung, stehen zur Verfügung.
- Befehle zur Absatz- und Zeichenformatierung sind enthalten.
- Es gibt Funktionen zur Umwandlung in Outline-Formate.
- Eine Rechtschreibprüfung in mehreren Sprachen, einschließlich *Suchen-* und *Ersetzen-*Funktionen, steht zur Verfügung.

Arbeitshilfen erleichtern den Arbeitsvorgang und die Arbeit über längere Perioden:

- Notizen und Audio-Kommentare können Dateien hinzugefügt werden.
- Photoshop gibt es für Microsoft Windows und MacOS, so dass ein plattformübergreifendes Arbeiten möglich ist (z. B. Austausch der unter Windows bearbeiteten Datei mit einer Druckerei, die mit Apple-Computern arbeitet).
- Photoshop arbeitet ideal mit anderen Adobe-Produkten zusammen.
- Durch Farbmanagementfunktionen sowie Mehrfarben- und Duplex-Unterstützung eignet sich Photoshop auch zur Druckvorbereitung.

Was ist neu in Photoshop 7.0

Photoshop 7.0 bietet eine bessere Mal-Engine als die, die in der Vorgängerversion enthalten war. Jetzt können individuelle Pinseleinstellungen und Arbeitsumgebungen festgelegt sowie zusätzliche Maltechniken (etwa Holzkohle) simuliert werden. Allerdings ist dies nur als Zusatzeffekt zu werten. Ein richtiges Malprogramm wird dadurch nicht ersetzt.

Mit dieser Version unterstützt Photoshop auch Multiprozessor-Systeme, was insbesondere die Profis mit einer speziellen Hardwareausstattung freuen wird.

Das neue, offene Dateiformat XMP (Extensible Metadata Platform) soll sich nach dem Wunsch von Adobe als neuer Standard für Media-Daten entwickeln. Ob das der Markt so annimmt, bleibt aber zunächst abzuwarten.

Leider fehlt eine durchgängige 16-Bit-Unterstützung, so dass bei einer höheren Farbtiefe manchmal die Reduzierung der Hintergrundebene erforderlich ist.

Da jetzt ein Datei-Browser enthalten ist, kann Photoshop auch zur Bildverwaltung benutzt werden. Allerdings endet die Funktionalität damit, dass Bilder in einem Verzeichnis sortiert werden können. Für eine professionelle Bilderverwaltung auf dem Computer (und zugehörigen Medien) muss deshalb auf andere Programme zurückgegriffen werden (etwa ACDSee).

An verschiedenen Stellen sind Erweiterungen und Verbesserungen vorgenommen worden; so ist beispielsweise jetzt auch die Speicherung im erweiterten TIFF-Format möglich, was in Photoshop 6.0 noch nicht der Fall war.

Einen groben Überblick über die neuen Funktionen finden Sie in der Referenz. Eine ausführliche (9seitige) Beschreibung kann (in englischer Sprache) von den Adobe-Webseiten heruntergeladen werden: http://www.adobe.de/products/photoshop/newfeatures.html.

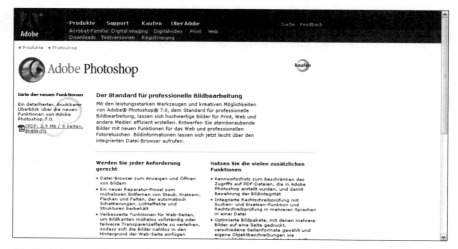

Die Neuheiten von Photoshop 7 bekommen Sie bei Adobe ausführlich aufgelistet.

Für wen ist Photoshop 7.0 geeignet

Die Zielgruppe, für die Photoshop das richtige Programm ist, ist eigentlich recht klein:

◆ Professionelle Fotografen, Grafiker und Designer
◆ Webdesigner
◆ Techniker, die auch gestalterisch tätig sind (z. B. Konstrukteure)

Darüber hinaus ist Photoshop aber auch das richtige Werkzeug für Menschen, die mit Bildern anspruchsvoll ihr Hobby betreiben oder nebenberuflich tätig sind.

Tipp

Haben Sie sich Photoshop noch nicht angeschafft und sind Sie noch unsicher, ob ein derart leistungsstarkes Produkt für Sie in Frage kommt, ganz abgesehen von dem nicht unerheblichen Preis, dann schauen Sie sich Photoshop Elements an, ebenfalls ein Produkt aus dem Hause Adobe. Es enthält viele Merkmale von Photoshop 6.0, ist aber nicht so überladen und kostet nur einen Bruchteil dessen, was Sie für Photoshop hinlegen müssen. Außerdem können Sie zahlreiche Anwendungen aus diesem Buch mit Photoshop Elements nachvollziehen.

Die Geschichte von Adobe

Im kalifornischen Xerox Palo Alto Research Center (PARC) trafen sich die beiden Wissenschaftler John Warnock und Charles Geschke.

Während seiner Zeit bei Xerox entwickelte John Warnock zusammen mit Martin Newell die Sprache JaM, mit der man Objekte beschreiben und in einer Datenbank speichern konnte. Später nannten sie die Sprache Interpress. Nach dem Verlassen von Xerox wurde daraus Postscript. Mit Postscript werden Buchstaben und Zahlen als mathematische Formeln und nicht als Bitmaps beschrieben. Damit lassen sich Schriften größenmäßig beliebig und vom Drucker unabhängig verändern. Postscript ist eine Page-Description Language (PDL, zu deutsch: Seitenbeschreibungssprache).

Charles Geschke war der im Xerox Palo Alto Research Center (PARC) Verantwortliche für die Leitung der wissenschaftlichen Laboratorien.

1982 verließen beide das PARC und gründeten die Firma Adobe in Mountain View, Kalifornien. Die Firma bekam den Namen von dem Bach, der hinter Warnocks Haus in Los Altos, Kalifornien vorbeifloss. Entwickelt wurden Anwendungen zunächst für den Apple Macintosh, später auch für den PC unter Windows. Der erste Postscript Interpreter kam 1985 auf den Markt, die erste Adobe Type Library (eine Schriftenbibliothek) ein Jahr später.

Zu den bekanntesten Produkten gehören: Adobe Type Manager, ein Font-Manager für Postscript-Schriften (1990), Photoshop, ein Programm zur Bearbeitung von Fotos (1990), Acrobat, ein Programm zum elektronischen Dokumentenaustausch (1993), PageMill, ein HTML-Editor (1996).

Nach der Übernahme der Firma Aldus (1994) wurde die Produktpalette um weitere grafikorientierte Anwendungen erweitert. Erwähnenswert sind die DTP-Anwendung Pagemaker (1994) und PhotoDeluxe (1996).

Weitere Firmenübernahmen fanden 1995 (Frame Technology) und 1999 (GoLive) statt. Im April 2002 übernahm Adobe die kanadische Firma Accelio Corporation mit Sitz in Ottawa. Adobe möchte sich mit dieser Übernahme im Business-Bereich weiter engagieren. Accelio liefert Server-basierte Lösungen, welche die Acrobat PDF-Technologien weiter ergänzen.

Mit dem 1999 eingeführten DTP-Programm InDesign hatte Adobe allerdings weniger Glück. Im Jahr 2001 musste aufgrund von Klagen anderer Hersteller das Programm wegen angeblicher Lizenzverletzungen vom Markt genommen werden. Erst Anfang 2002 konnte die neue Version 2.0 wieder angeboten werden.

Mit einem Jahresumsatz von über 1,2 Milliarden US$ (2000) steht Adobe in der Rangliste der Hersteller von PC-Software an dritter Stelle. Weltweit werden mehr als 2.800 Arbeitnehmer beschäftigt. Adobes Hauptsitz liegt im kalifornischen San Jose.

Internet: http://www.adobe.de, http://www.adobe.com

2. Photoshop installieren, einrichten und kennen lernen

Photoshop installieren

Bevor Sie mit Adobe Photoshop arbeiten können, müssen Sie es installieren. Eigentlich ist das heute kein Problem mehr: Die CD-ROM wird eingelegt und meistens startet das Installationsprogramm schon automatisch. Da es aber in der Regel verschiedene Installationsvarianten gibt, erklären wir die Installation an dieser Stelle trotzdem.

Erläutert wird hier die Erstinstallation. Das Update einer vorhandenen, älteren Version weicht etwas, aber nicht weitgehend, davon ab. Da wir davon ausgehen, dass dieses Buch vorwiegend von Erstanwendern benutzt wird, beschreiben wir die vollständige Version. Erfahrene Anwender von Photoshop werden mit den Abweichungen beim Update keine Probleme haben.

Legen Sie die Installationsdiskette in das Laufwerk ein und gehen Sie wie folgt vor.

1. Falls die Installation nicht automatisch startet wählen Sie *Start > Ausführen*, geben *<Laufwerk>:setup.exe* ein (z. B. *e:setup.exe*) und klicken auf *OK*. Gegebenenfalls stellen Sie über *Durchsuchen* das richtige Laufwerk und den richtigen Pfad ein.

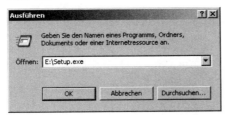

2. Bestätigen Sie den nächsten Dialog mit *Next* und ...

3. ... wählen Sie anschließend die für Sie zutreffende Sprache aus (meist Deutsch in unseren Breitengraden, aber manchmal ist auch die englische oder französische Fassung gewünscht, je nach Arbeitgeber oder Auftraggeber). Bestätigen Sie die Auswahl mit *Next*.

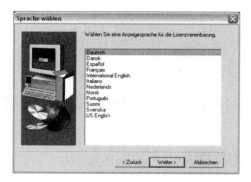

4. In der Maske tragen Sie Ihre Daten ein. Wichtig ist vor allem die Seriennummer des Produkts. Bestätigen Sie die Eingabe mit *Next* und die folgende Anzeige der Daten zur Kenntnisnahme ebenfalls.

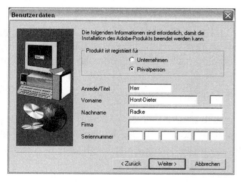

5. Sie können sich für die typische (*Typical*) oder benutzerdefinierte Version (*Custom*) entscheiden. Die erste Variante ist die einfache, die zweite die flexiblere Installationsvariante. Bestätigen Sie Ihre Auswahl mit *Next*. (Wir gehen in dieser Anleitung von der benutzerdefinierten Installation aus.)

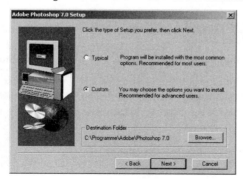

2. Photoshop installieren, einrichten und kennen lernen

6. Sie können nun festlegen, was Sie installieren wollen. In der Vorgabe sind alle Häkchen gesetzt. Entfernen Sie ein Häkchen, so wird das entsprechende Modul oder Plug-in nicht installiert. Als Einziges können Sie nicht auf Photoshop *Program Files* verzichten. Bei den Plug-ins können Sie außerdem über die Schaltfläche *Ändern* (*Changes*) zumindest teilweise die Installation ausschließen. Bestätigen Sie die Auswahl mit *Next*.

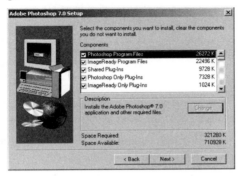

7. Nun müssen Sie noch die Dateiformate zuordnen. Auch hier können Sie aber die Vorgaben von Photoshop akzeptieren. Die konkrete Zuordnung ist eher etwas für Anwender, die schon ausreichend Erfahrung haben und wissen, was Sie benötigen bzw. nicht benötigen.

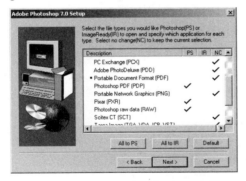

8. Bestätigen Sie im nächsten Dialog mit *Next*, nachdem Sie sich Ihre Einstellungen noch einmal angesehen haben. Wollen Sie etwas korrigieren, können Sie über *Back* (*Zurück*) schrittweise zurückgehen und Einstellungen ändern.

9. Anschließend läuft die Installation an. Im letzten Dialog klicken Sie auf *Finish* (*Beenden*), um die Installation abzuschließen.

Nun können Sie mit Photoshop und ImageReady, das mitinstalliert wurde, arbeiten. Empfohlen sei aber, sich noch etwas Zeit zu nehmen und einige Einstellungen vorzunehmen.

Photoshop einrichten

Die Installation alleine bedingt noch nicht ein optimales Arbeiten mit dem Programm. Insbesondere Anwender, die bereits mit älteren Versionen gearbeitet haben, möchten erarbeitete Voreinstellungen einsetzen, um schneller und besser zu den gewünschten Ergebnissen zu kommen. Deshalb macht es Sinn, vor dem Beginn der Arbeit mit dem Programm einige sinnvolle – und vielleicht auch individuelle – Einstellungen vorzunehmen. Es ist fast wie bei einem Auto: Richtig eingestellt läuft es besser.

Farbeinstellungen

Um Photoshop den persönlichen Anforderungen anzupassen, nehmen Sie sich zunächst die Farbeinstellungen vor:

1. Wählen Sie *Edit* (*Bearbeiten*) > *Color Settings...* (*Farbeinstellungen*).
2. Bei *Settings* (*Einstellungen*) wählen Sie aus, welche Einstellungen Sie bevorzugen. (Siehe dazu die Erläuterungen im folgenden Text!)
3. Aktivieren Sie das Kontrollkästchen vor *Advanced Mode* (*Erweitert*).
4. Aktivieren Sie das Kontrollkästchen vor *Preview* (*Vorschau*).
5. Beenden Sie die Einstellungen mit *OK*.

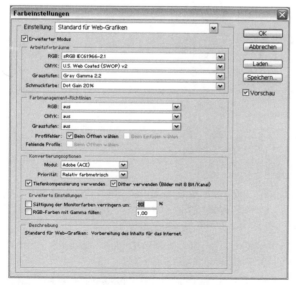

Hier werden die Vorgaben für die benutzten Farben eingestellt.

2. Photoshop installieren, einrichten und kennen lernen

Voreingestellt sind die *Web Graphics Defaults (Webgrafik Voreinstellungen)*. Wenn Sie für das Internet arbeiten, so sollten Sie diese Voreinstellungen belassen, ohne etwas zu ändern. Haben Sie schon mit Vorgängerversionen gearbeitet, so wird wahrscheinlich die Voreinstellung *Photoshop 5 Default Spaces* die beste sein. Arbeiten Sie viel mit Druckerein zusammen, so sind sicher *die Europe Prepress Defaults* die beste Wahl. Profis schalten manchmal die Farbschema-Verwaltung aus (*Color Monagement Off*) oder erstellen sich ein eigenes Schema: *Custom (Benutzerdefiniert)*.

Photoshop kommt mit einigen Farbschemata, ...

> **Tipp**
>
> Wenn Sie sich ein eigenes Farbschema zusammenstellen wollen (*Custom – Benutzerdefiniert*), so fahren Sie zunächst mit der Maus über die entsprechende Option. Sie bekommen dann im unteren Teil des Dialogs unter *Description* (*Beschreibung*) eine Erläuterung angezeigt. Speichern Sie anschließend Ihre eigenen Farbmanagement-Einstellungen mit *Save...* ab. Sie finden diese Einstellungen anschließend in der Liste wieder.

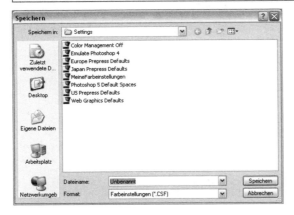

... kann aber um eigene Standards erweitert werden.

Grundsätzlich gilt für den Anfang: Ändern Sie bei den Farbeinstellungen so wenig wie möglich. Sie können das jederzeit nachholen und mit wachsender Erfahrung im Umgang mit Photoshop wissen Sie dann auch, was Sie tun.

Voreinstellungen: Werkzeuge

Photoshop liefert eine ganze Reihe von Tools (Werkzeugen) mit, z.B. Brushes (Pinsel) und Patterns (Muster). Nicht alle sind so ohne weiteres verfügbar. Um die Voreinstellungen anzupassen oder zu verändern, gehen Sie folgendermaßen vor:

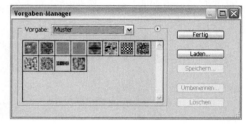

Vorher nur ein paar Muster ....

1. Wählen Sie *Edit (Bearbeiten) > Preset Manager*.
2. Wählen Sie unter *Preset Type Patterns* (oder einen anderen Eintrag) aus.
3. Klicken Sie auf die Schaltfläche *Load (Laden)*.
4. Wählen Sie aus der Liste ein neues Pattern (z.B. *Nature Patterns*) aus.
5. Bestätigen Sie mit *Load (Laden)*.

2. Photoshop installieren, einrichten und kennen lernen

6. Wollen Sie nicht alle *Patterns* (*Muster*) übernehmen, so markieren Sie das überflüssige Pattern und klicken auf *Delete (Löschen)*.
7. Wiederholen Sie die Vorgänge 1 bis 6 so oft, bis Sie alle Voreinstellungen angepasst haben.

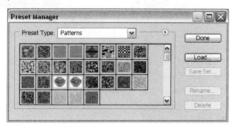

... und nachher einige mehr

Tipp
Überladen Sie nicht die Pinsel- und Musterpaletten mit unzähligen Variationen. Sie verlieren so schnell den Überblick. Besser ist es, aus allen vorhandenen Sets ein eigenes zusammenzustellen und dann über *Save Set ....* mit eigenem Namen abzuspeichern. Sie können dann immer noch zu den Voreinstellungen zurück und für bestimmte Arbeiten diese individuell zusammengestellten Sets wählen.

Programmeinstellungen anpassen

Um das Programm weiter anzupassen, wählen Sie *Edit* (*Bearbeiten*) und *Preferences* (*Voreinstellungen*). Es öffnet sich eine Liste mit verschiedenen Optionen. Die erste – *General* (*Allgemeine*) – enthält alle folgenden Optionen mit Ausnahme von *Adobe Online...* Wählen Sie diese, so können Sie trotzdem in dem Dialog *Preferences* alle folgenden Optionen erreichen.

Tipp
Alternativ können Sie auch (Strg)+(K). drücken, um diesen Dialog zu erhalten.

Die erste Option enthält auch alle anderen.

Öffnen Sie die Liste, in der zunächst *General* steht, so finden Sie alle Optionen des Menüs wieder. Je nach Auswahl verändert sich der Inhalt des Dialogfensters. Empfohlen seien folgende Einstellungsänderungen:

Bei *General* (*Allgemeine*) verändern Sie nach Möglichkeit nichts. Wollen Sie allerdings die Bilder an andere Anwender weitergeben, die nicht mit Adobe Photoshop arbeiten und möglicherweise mit anderen Anwendungen selbst noch etwas verändern wollen, so wählen Sie bei *Color Picker* statt *Adobe* den Menüeintrag *Windows* aus. Haben Sie einen langsamen Rechner, so verändern Sie bei *Interpolation* die Einstellung in *Nearest Neighbor (Faster)*. Die Hotkeys für *Redo* (*Wiederholen*) und *Print* (*Drucken*) sollten Sie ebenfalls in der Voreinstellung belassen, es sei denn, diese Hotkeys haben Sie schon mit anderen Funktionen (oder Programmaufrufen) belegt.

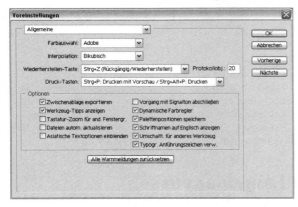

Mit diesen Voreinstellungen fahren Sie nicht schlecht.

Bei *File Handling* (*Dateien speichern*) ändern Sie unter *Image Previews* (*Bildvorschau*) die Voreinstellung *Always Save* in *Ask When Saving*. Das spart Zeit und Speicherplatz, da nicht immer jede Vorschau gespeichert werden muss. Bei *File Compatibility* aktivieren Sie das Kontrollkästchen vor *Treat all TIFF files as enhanced TIFF when reading*. Photoshop betrachtet dann alle TIFF-Dateien so, als wenn Sie im erweiterten TIFF-Format gespeichert worden seien. Wenn Sie nicht in einem Netzwerk arbeiten, deaktivieren Sie das Kontrollkästchen vor *Enable Workgroup Functionality*.

Im Dialog *Display & Cursors* (*Bildschirm und Zeigerdarstellung*) gibt es eigentlich keinen Grund, irgendetwas zu ändern. Stört Sie aber bei der Arbeit mit den Malwerkzeugen der Cursor – der auf unterschiedliche Weise dargestellt werden kann –, so wissen Sie, dass Sie an dieser Stelle darauf Einfluss nehmen können.

2. Photoshop installieren, einrichten und kennen lernen

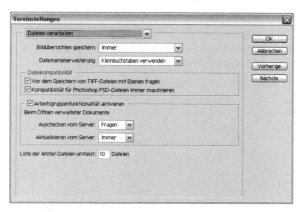

Die Dateibehandlung kann hier eingestellt werden.

Tipp

Wählen Sie nicht als Voreinstellung das Fadenkreuz. Sie können es während der Arbeit mit den Malwerkzeugen erreichen, wenn Sie die ⇧-Taste gedrückt halten.

Auch bei *Transparency & Gamut.* (*Transparenz & Farbumfang-Warnung*) ist keine Voreinstellung zu ändern.

Tipp

Sie können über die Schaltflächen *Prev* (*Vorherige*) und *Next* (*Nächster*) zwischen allen *Preferences*-Dialogen hin und her schalten, ohne die Liste bemühen zu müssen.

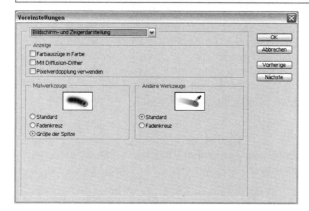

Lassen Sie, was Ihnen geboten wird.

Im Dialog *Units & Rulers* (*Maßeinheiten & Lineale*) stellen Sie unter *Column Size cm* ein, wenn nicht andere Gründe zu der Voreinstellung (oder einer anderen Einheit) zwingen. Zumindest in unseren Breiten arbeiten Sie mit *cm* genauer. Bei den Voreinstellungen zu *Guides, Grid & Slices* (*Hilfslinien & Raster*) ändern Sie nichts.

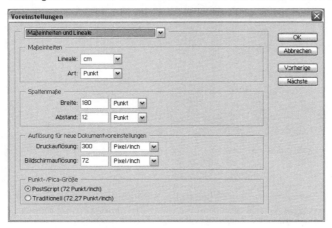

Hier passen Sie die Maßeinheiten Ihren Bedürfnissen an.

Im Dialog *Plug-Ins & Scratch Disks* (*Zusatzmodule & virtueller Speicher*) ändern Sie nur etwas, wenn Ihnen mehr als eine Festplatte zur Verfügung steht. Photoshop legt die Bilder, die Sie gerade bearbeiten, in einem virtuellen Speicher ab. Dazu benötigt es viel Speicherplatz. Haben Sie also zwei oder mehr Festplatten (oder Partitionen), so geben Sie bei *First (Erstes)* die Festplatte mit dem größten freien Speicher an, bei *Second (Zweites)* die Festplatte mit dem nächstgrößeren Speicher usw.

Der letzte Dialog *Memory & Image Cache* (*Arbeitsspeicher & Bildcache*) gibt Auskunft über die Speicherverwaltung. Aktivieren Sie das Kontrollkästchens vor *Use cache for histograms (Cache für Histogramme verwenden)*. In der Gruppe *Physical Memory Usage (Physikalischer Speicher)* finden sie eine Information über den verfügbaren sowie den von Photoshop genutzten Arbeitsspeicher (RAM). Standardmäßig sind hier *50%* eingestellt. Arbeiten Sie häufig mit Photoshop, so erhöhen Sie diesen Wert (bis maximal *80%*).

Hinweis

Beachten Sie, dass diese Einstellungen nicht sofort wirksam werden. Verlassen Sie Photoshop und starten Sie es erneut, dann werden diese Einstellungen berücksichtigt.

2. Photoshop installieren, einrichten und kennen lernen

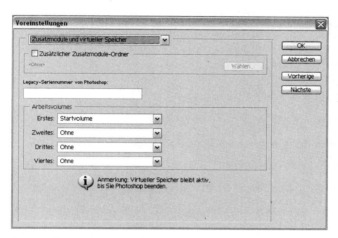

So geht Photoshop mit dem Speicher um.

Photoshop aktualisieren

Programme wie Photoshop sind im Grunde nie fertig. Auf der einen Seite gibt es immer neue Wünsche, die die Anwender haben, oder Wünsche, die noch nicht erfüllt wurden. Auf der anderen Seite sind derart umfangreiche Anwendungen nie ganz fehlerfrei. Werden Fehler entdeckt, so sind die Entwickler natürlich bestrebt, diese aus dem Programm zu beseitigen. Damit Sie in den Genuss dieser Verbesserungen (oder Erweiterungen) von Photoshop kommen, können Sie diese online herunterladen.

Zunächst sollten Sie die Update-Einstellungen vornehmen:

1. Wählen Sie *Edit (Bearbeiten) > Preferences (Voreinstellungen) > Adobe Online*....

2. Stellen Sie unter *Check for updates* ein, in welchem Abstand nach Updates gesucht werden soll. Vorgeschlagen sei hier *Never*, denn die automatische Suche nach Updates kann im falschen Zeitpunkt ganz schön behindern.

3. Bestätigen Sie mit *OK*.

Tipp

Wenn eine Internetverbindung besteht, können Sie über die Schaltfläche *Updates...* gleich nach Updates auf die Suche gehen.

Hier stellen Sie ein, wie oft nach Neuerungen gesucht werden soll.

Um dann tatsächlich nach Updates zu suchen, gehen Sie folgendermaßen vor:

1. Öffnen Sie eine Verbindung zum Internet.
2. Wählen Sie *Help (Hilfe)* > *Updates*. Es werden zunächst Informationen gesucht.
3. In einer Liste werden verfügbare Updates angezeigt. Markieren Sie diejenigen, die Sie laden möchten.

4. Unter *Download Location* können Sie mit der Schaltfläche *Choose* einstellen, wo die Updates gespeichert werden sollen.
5. Klicken Sie dann auf *Download*. Die Updates werden geladen.

2. Photoshop installieren, einrichten und kennen lernen

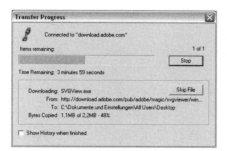

Photoshop lädt sich seine Updates selbst aus dem Internet herunter.

> **Hinweis**
>
> Beachten Sie die Größenangaben. Unter Umständen ist es besser, nicht auf einmal alle Updates und Neuerungen zu laden, um keine zu langen Arbeitsunterbrechungen zu verursachen. Die Updates, die Sie nicht geladen haben, stehen auch das nächste Mal noch zur Verfügung.

Über das *Menü Help (Hilfe) > Support...* erreichen Sie die Support-Seiten von Adobe im Internet. Der Menüeintrag *Adobe Online...* schaltet zur Hauptseite von Adobe im Internet. Benutzten Sie die englische Version, so erhalten Sie auch den englischsprachigen Webauftritt von Adobe. Um die deutschen Seiten anzuwählen, schauen Sie sich die Internetadressen am Ende von *Kapitel 1: Bildbearbeitung mit Photoshop* an.

Photoshop kennen lernen

Die Arbeitsoberfläche von Photoshop

Nach dem Start steht Ihnen die leere Arbeitsoberfläche von Photoshop zur Verfügung. Sie ist sehr übersichtlich aufgebaut und verwirrend ist allenfalls die Vielzahl an Werkzeugen und Paletten. Aber auch darüber lässt sich schnell ein Überblick verschaffen. Hier folgen die nötigen Erläuterungen zur Arbeitsoberfläche.

Wie in jeder Windows-Anwendung finden Sie zunächst die Titelleiste und die Menüzeile. Die Symbolleiste darunter ist zwar ebenfalls am üblichen Platz, in der Darstellung der zu benutzenden Symbole aber abhängig von den jeweils ausgewählten Tools (Werkzeugen).

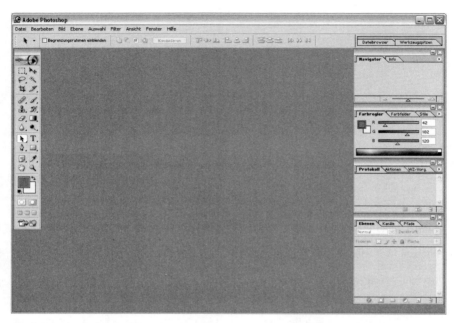

Die Arbeitsoberfläche von Photoshop ist aufgeräumter als mancher Schreibtisch.

Die Toolbar (Werkzeugleiste) ist standardmäßig links angeordnet. Sie können Sie aber – ebenso wie alle anderen Elemente der Arbeitsoberfläche – an der Titelleiste mit der Maus fassen und an eine andere Stelle ziehen. Sie wählen ein Werkzeug durch einfaches Anklicken aus. Mit der Maus können Sie anschließend im Bild die Funktion des Werkzeugs ausführen. Hat das Werkzeugsymbol in der rechten unteren Ecke ein kleines Dreieck, so deutet dies darauf hin, dass eine Gruppe von Werkzeugen vorhanden ist. Klicken Sie mit der rechten Maustaste auf solch ein Werkzeug, öffnet sich ein Menü mit der Auflistung der verschiedenen Werkzeuge.

Die Werkzeuge sind nicht willkürlich in die Leiste gepackt, sondern sinnvoll angeordnet: Zuerst kommen die Auswahlwerkzeuge, dann die Mal- und Bearbeitungswerkzeuge. Es folgen die Pfad-, Text- und Füllwerkzeuge und anschließend die Navigationswerkzeuge. Zum Schluss finden Sie die Steuerelemente.

2. Photoshop installieren, einrichten und kennen lernen

Hinter manchem Werkzeugsymbol verbirgt sich ein kompletter Werkzeugkasten.

Rechts finden Sie die Paletten. Das sind wichtige Hilfsmittel zur Bearbeitung und Anzeige von Bildern. Die elf Paletten der Grundeinstellung sind gruppiert angeordnet. Damit durch die Vielzahl der Paletten nicht der Überblick komplett verloren geht, wurden Sie zudem noch auf Register verteilt. Auch die Paletten können Sie nach Bedarf verschieben, indem Sie die Titelleiste mit der Maustaste fassen und verschieben.

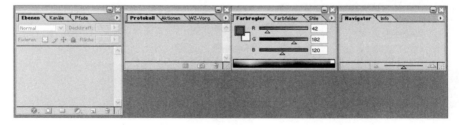

Ordnen Sie die Paletten nach Belieben und Erfordernis selbst an.

Neu ist ein File Browser (Datei-Browser), den Sie rechts oben in der Symbolleiste finden. Damit können Sie sich einen schnellen Überblick über die gespeicherten Bilder verschaffen und müssen nicht mühsam nach einem bestimmten Bild suchen.

Photoshop 7.0 enthält nun eine eigene (einfache) Bildverwaltung.

Direkt daneben befindet sich eine Palette mit Pinseltypen. Klicken Sie auf das Register *Brushes* (*Pinsel*), können Sie aus unterschiedlichen Typen und Größen auswählen.

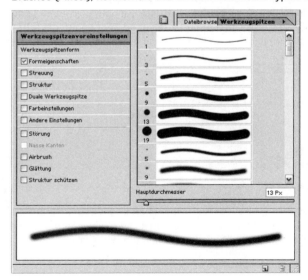

Für jeden der passende Pinsel

So kommen Bilder in den PC

Die gängigsten Arten, Bilder in den PC zu bekommen, um sie mit Photoshop bearbeiten zu können, sind der Scanner, die Digitalkamera und die Foto-CD.

Ist ein Scanner angeschlossen, so holen Sie das eingelegte Bild über *File* (*Datei*) > *Import* in den Computer. Das *Import*-Menü wird den Scanner – wenn er richtig installiert ist – anzeigen und nach Auswahl die richtige Schnittstelle (meistens TWAIN) zum Einscannen zur Verfügung stellen. Nach dem Scannen finden Sie das Bild auf der Arbeitsoberfläche wieder.

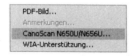

Das Import-*Menü zeigt alle angeschlossenen und installierten Geräte an.*

Bei einer Digitalkamera kann es ähnlich sein, nämlich dann, wenn die Kamera über eine Schnittstelle (seriell oder USB) direkt mit dem Computer verbunden ist. Wollen Sie das Bild aber direkt vom Speichermedium der Kamera lesen, so benötigen Sie ein entsprechendes Laufwerk, das z.B. Compact Flash-Karten lesen kann. In diesem Fall holen Sie das Bild über *File* (*Datei*) > *Open* (*Öffnen*) in den Computer.

Bei einer Foto-CD, die Sie erstellen lassen können, wenn Sie Ihren Film zum Entwickeln ins Fotogeschäft bringen, funktioniert das ähnlich. Sie legen die Foto-CD in das CD-ROM-Laufwerk des Computers und holen sich das Bild über *File* > *Open*.

Ein Bild in Photoshop zu laden, ist selten ein Problem.

Weitere Möglichkeiten, Bilder in den Computer zu bekommen, sind das Internet (Bilder laden und speichern von Webseiten oder übermitteln per E-Mail) oder die grundsätzliche Neuerstellung eines Bildes in Photoshop (z.B. bei einer Collage). Dazu muss allerdings zunächst ein leeres Bild erstellt werden. Gehen Sie folgendermaßen vor:

1. Wählen Sie *File (Datei)* > *New (Neu)*.
2. Geben Sie einen Dateinamen ein.
3. Legen Sie die Bildgröße fest: *Width* (*Breite*) und *Height* (*Höhe*).
4. Klicken Sie auf *OK*.

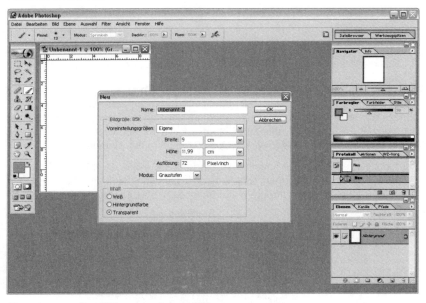

Photoshop erstellt auf Wunsch auch leere Bilder.

In diesem leeren Fenster können Sie nun Collagen anfertigen oder sogar mit den entsprechenden Werkzeugen malen.

Mit Photoshop arbeiten

Um nicht zu theoretisch zu werden, folgt ein erstes, einfaches Projekt mit Photoshop, das Ihnen zeigt, wie einfach die Arbeit mit diesem Programm sein kann. Es soll allerdings auch nicht darüber hinweg täuschen, dass diese Anwendung voller Fähigkeiten steckt, die sich mit diesem Schnelldurchgang nicht erschließen lassen, sondern eine gründliche Schulung und einiges an Erfahrung benötigen.

Sicherlich haben Sie auch Fotos, die misslungen sind, etwa unterbelichtete Fotos, die kaum Details zeigen. Holen Sie sich solch ein Foto und scannen Sie es ein, falls es nicht ohnehin als Digitalfoto vorliegt. Sie können dann die folgende Schritt-für-Schritt-Anleitung nachvollziehen, um aus diesem misslungenen Foto doch noch ein passables Bild zu machen.

1. Wählen Sie *File (Datei)* > *Open (Öffnen)*.
2. Stellen Sie den Pfad bei *Suchen in*: ein und wählen Sie die Bilddatei aus.
3. Laden Sie mit einem Klick auf *Open (Öffnen)* das Bild auf die Arbeitsfläche von Photoshop.

4. Wählen Sie *Image* (*Bild*), *Adjustments (Einstellungen)* und den Menüeintrag *Brightness/Contrast* (*Helligkeit/Kontrast*).

5. Probieren Sie ein wenig mit den Schiebereglern bei *Brigthnes* (*Helligkeit*), *Adjustments* (*Einstellungen*) und *Contrast* (*Kontrast*) herum. Sie werden feststellen, dass der Schieberegler *Helligkeit* im positiven Bereich Details hervorholt, die so im ursprünglichen Bild nicht oder kaum zu sehen waren. Allerdings verblassen dabei auch nach und nach die Farben. *Contrast* (*Kontrast*) verstärkt den Farbverlust weiterhin. Stellen Sie deshalb die Helligkeit ruhig großzügig ein und regeln Sie den Kontrast nur innerhalb eines kleinen Spielraums.

6. Bestätigen Sie Ihre Einstellungen mit *OK*.

7. Wählen Sie *Image* > *Adjustments* > *Hue/Saturation (Farbton/Sättigung)*.

8. Über die Schieberegler können Sie das über *Brightness/Contrast* erzielte Ergebnis etwas verbessern. Sie werden aber merken, dass hier kleine Anpassungen eine bessere Wirkung erzielen als größere.

Tipp

Über den Regler *Sättigung* können Sie dem Bild jede Farbe nehmen, so dass am Ende nur noch ein Schwarzweißbild übrig bleibt.

9. Bestätigen Sie auch diese Einstellungen mit einem Klick auf die Schaltfläche *OK*.

2. Photoshop installieren, einrichten und kennen lernen

> **Tipp**
>
> Aktivieren Sie das Kontrollkästchen vor *Colorize* (*Färben*) und Sie erzielen interessante, einfarbige Effekte mit dem Bild.

10. Speichern Sie das Bild unter einem neuen Namen ab, damit das Ausgangsbild für weitere Bearbeitungsversuche nach wie vor zur Verfügung steht. Wählen Sie dazu *File (Datei) > Save As (Speichern unter...)*.

11. Geben Sie einen Namen für das Bild ein und stellen Sie das Format *JPEG* (Beispiel) ein.

12. Klicken Sie auf *Speichern*.

13. In den *JPEG Options* legen Sie fest, in welcher Qualität das Bild gespeichert wird. JPEG ist ein komprimiertes Bildformat und bei zu starker Komprimierung geht auch etwas von der Qualität verloren. Legen Sie *Medium (Mittel)* oder *High (Hoch)* bei *Quality (Qualität)* fest.

14. Bestätigen Sie mit *OK*.

Sie haben gesehen, dass bereits mit wenig Aufwand eine Bildverbesserung durchgeführt werden kann. Natürlich wird aus einem misslungenen Bild kein Spitzenfoto – aber es lässt sich doch in der Regel soweit aufbereiten, dass es als brauchbar erscheint.

> **Tipp**
>
> Probieren Sie bei der Bildbearbeitung auch die automatischen Anpassungen aus: *Image > Adjustments > Auto Levels (Auto Tonwertkorrektur)* oder *Auto Contrast* oder *Auto Color*. Um die Ergebnisse zu vergleichen, kopieren Sie Veränderungen über *Image > Duplicate (Duplizieren)* und stellen Sie nebeneinander.

Photoshop klont Ihnen auf Wunsch das Original zur weiteren Bearbeitung.

Mit Photoshop malen und schreiben

Über die reine Bildverbesserung hinaus lassen sich die Bilder (Fotos) weiter bearbeiten. Angenommen, sie wollen das gerade bearbeitete Bild als Titelbild für Ihre Fotosammlung des letzten Urlaubs benutzen, so können Sie z. B. folgendermaßen vorgehen:

1. Klicken Sie auf das Pinselwerkzeug in der Toolbar (Werkzeugleiste).

2. Wählen Sie die Palette *Swatches* (*Farbfelder*) aus und markieren Sie eine Farbe (im Beispiel Hellgelb).

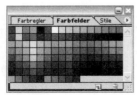

3. Bemalen Sie eine Fläche im Bild mit dieser Farbe (im Beispiel in der linken oberen Ecke).

4. Klicken Sie auf das Textwerkzeug in der Toolbar ⊤.

2. Photoshop installieren, einrichten und kennen lernen 41

5. Stellen Sie *Schriftart* und *Schriftgröße* nach Belieben ein (für einen Titel wählen Sie eher eine große Schrift).
6. Klicken Sie in die bemalte Fläche.
7. Schreiben Sie den Titel.

So wird ein Foto nachträglich bemalt und beschriftet.

Texte erstellen

Wie im vorangegangenen Abschnitt schon gezeigt, kann Photoshop auch mit Text umgehen. Da Text nicht als Pixelgrafik, sondern vektororientiert genutzt wird, eröffnen sich vielfältige Gestaltungsmöglichkeiten für Texte. Eine kurze Einführung dazu bietet der folgende Abschnitt.

> **Hinweis**
>
> In der Symbolleiste zum Textwerkzeug können Sie Schriftart, Schriftgröße und andere Besonderheiten einstellen.

Die Symbolleiste des Textwerkzeugs

1. Öffnen Sie ein neues Fenster über *File (Datei)* > *New (Neu)*.
2. Geben Sie als *Width (Breite)* 20 cm und als *Height (Höhe)* 8 cm ein.

3. Bestätigen Sie mit *OK*.

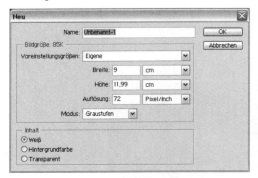

4. Klicken Sie auf das Textwerkzeug [T].
5. Klicken Sie in das Fenster und schreiben Sie eine Überschrift.
6. Wählen Sie *Layer (Ebene) > Layer Style (Ebenenstil) > Drop Shadow (Schlagschatten)*.
7. Bestätigen Sie das nächste Fenster mit *OK*.

8. Klicken Sie auf *Layer > Layer Style > Inner Glow (Schein nach innen)* und bestätigen Sie diese Einstellung mit *OK*.
9. Wählen Sie *Layer > Layer Style > Stroke (Kontur)* und klicken Sie auf *OK*.

2. Photoshop installieren, einrichten und kennen lernen

10. Wählen Sie das Menü *Edit (Bearbeiten)* > *Transform (Transformieren)* > *Rotate (Drehen)*.

11. Fassen Sie die linke untere Ecke mit dem (veränderten) Mauszeiger und ziehen Sie diese nach unten. Der Schriftzug wird sich schräg stellen.

12. Klicken Sie nacheinander im Menü *Edit (Bearbeiten)* auf die Optionen *Flip Horizontal (Arbeitsfläche horizontal spiegeln)* und *Flip Vertikal (Arbeitsfläche vertikal spiegeln)*.

Ein total verdrehter Text

Der Schriftzug hat nun nicht mehr viel mit dem Ausgangstext zu tun. An dieser kleinen Auswahl können Sie aber erkennen, welche Möglichkeiten der Textgestaltung Photoshop bietet.

> **Hinweis**
>
> Sie können einzelne der auf den Text angewandten Effekte wieder ausschalten, indem Sie in der *Ebenen*-Palette links auf das *Auge* neben dem Effekt klicken.

Hier können Sie mal ein Auge zudrücken.

Ein Bild für das Web herstellen

Längst ist Photoshop auch ein wichtiges Werkzeug für Webdesigner geworden. Das Zusatzprogramm ImageReady – jetzt in der Version 7.0 – erweiterte die Fähigkeiten des Programms erheblich. Es kann von Photoshop aus und auch separat benutzt werden. Bei der Installation wird es gleich mit eingerichtet.

Möchten Sie Ihre Bilder nicht für ein Druckerzeugnis, sondern für das Internet erstellen, gehen Sie folgenden Weg:

1. Öffnen Sie das Bild in Photoshop.
2. Wählen Sie aus dem Menü *File (Datei)* die Option *Save for Web ... (Für Web speichern)* oder drücken Sie die Tastenkombination [Alt]+[⇧]+[Strg]+[S].
3. Klicken Sie im folgenden Dialog auf das Register *4-Up (4fach)*. Sie finden anschließend das Originalbild und drei Variationen dazu in einer Auszugsvorschau. Unterhalb der Bilder sind die zugehörigen Daten (Größe, Ladezeit etc.) aufgeführt.
4. Wählen Sie bei *Settings (Einstellungen)* aus dem Pulldown-Menü *JPEG* als Dateiformat aus. Sofort wird das markierte Bild umgewandelt und die geänderten Daten darunter angezeigt.

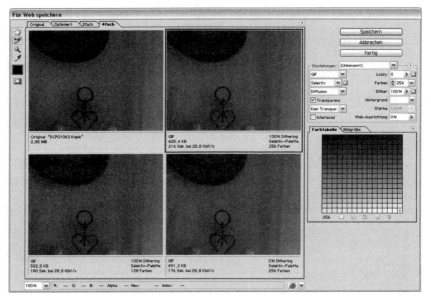

2. Photoshop installieren, einrichten und kennen lernen 45

5. Wählen Sie unterhalb des Dateiformats *Medium* aus. Für das Internet spielt die beste Auflösung keine Rolle, da sowieso nur eine begrenzte Bildqualität übertragen wird. Wichtiger ist die Übertragungszeit, und die ist bei kleinerer Dateigröße kürzer.
6. Klicken Sie auf *Save (Speichern)*.
7. Geben Sie einen Dateinamen ein und klicken Sie noch einmal auf *Speichern*.

Das Bild wird im gewählten Format abgelegt.

Sie haben das Bild anschließend in einem Format vorliegen, in dem Sie es im Internet veröffentlichen können. Allerdings müssen Sie es noch in Ihren HTML-Code für die entsprechende Seite einbinden.

Mit ImageReady 7.0 arbeiten

Mit Photoshop 7.0 wird das Programm ImageReady 7.0 geliefert, das von der Oberfläche her zunächst kaum Unterschiede zu Photoshop aufweist. Das mag auf den ersten Blick etwas irritieren, erleichtert aber letztendlich die Arbeit mit beiden Programmen sehr.

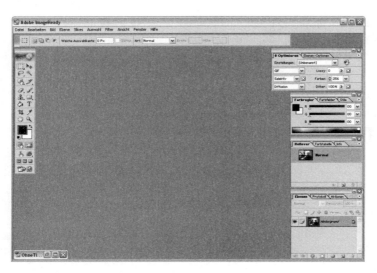

ImageReady ähnelt Photoshop sehr.

Sie können ImageReady direkt starten (über das *Start*-Menü oder eine Verknüpfung auf dem Desktop). Es geht aber auch von Photoshop aus. Das ist besonders hilfreich, wenn bereits ein Bild in Photoshop bearbeitet oder erstellt wurde, das nun für das Internet aufbereitet werden soll. Anstatt das Bild zu speichern, bringen Sie es direkt nach ImageReadey:

1. Wählen Sie *File (Datei) > Jump to (Springen nach) > Adobe ImageReady 7.0* oder drücken Sie die Tastenkombination ⇧+Strg+M.
2. Klicken Sie auf das Register *4-Up (4fach)*.

ImageReady bietet gleich mehrere Optionen an ...

2. Photoshop installieren, einrichten und kennen lernen

Anders als in Photoshop bietet ImageReady sofort die Optionen *Optimized (Optimiert)*, *2-Up (2fach)* und *4-Up (4fach)* an. Sie finden den Einstellungsdialog als Palette rechts neben dem Bildfenster.

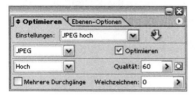

... die sich weiter anpassen lassen.

ImageReady geht noch einen Schritt weiter als Photoshop. Es passt nicht nur das Bild für die Veröffentlichung im Internet an sondern, erstellt auch gleich den nötigen HTML-Text dazu:

1. Klicken Sie auf das Register *Original*.
2. Wählen Sie *File (Datei)* > *Preview In (Vorschau in)* > *internet Explorer* oder drücken Sie die Tastenkombination [Strg]+[Alt]+[P].
3. Scrollen Sie das Bild im Internet Explorer nach oben.
4. Markieren Sie die Zeile mit dem *Bild*-Tag (<img src=.....>).
5. Klicken Sie darauf mit der rechten Maustaste und wählen Sie aus dem Kontextmenü den Befehl *Kopieren*.
6. Wechseln Sie in Ihren (HTML-)Editor und klicken Sie an der passenden Stelle auf *Einfügen*.

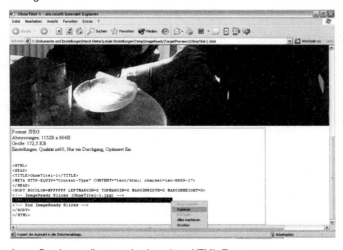

ImageReady erstellt sogar den korrekten HTML-Text.

Tatsächlich geht die Übernahme von HTML-Code sogar noch einfacher:

1. Wählen Sie *Edit (Bearbeiten)* > *Copy HTM Code (HTML-Code aktualisieren)* > *For Selected Slices (Für ausgewählte Slices)* oder drücken Sie die Tastenkombination [Strg]+[Alt]+[C].
2. Öffnen Sie einen Editor (z.B. über *Start* > *Programme* > *Zubehör* den Windows-Editor)
3. Öffnen Sie das Menü *Bearbeiten* und wählen Sie *Einfügen*.

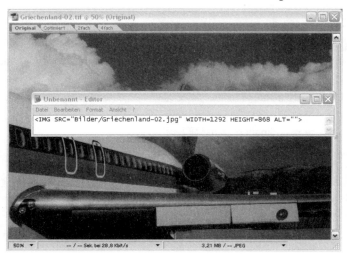

Der HTML Code wird von ImageReady direkt übergeben.

In der Kombination mit ImageReady ist Photoshop das Ideale Werkzeug für Webdesigner.

3. Mit Photoshop arbeiten

Funktionen zur Bildbearbeitung

Adobe Photoshop hat eine fast unüberschaubare Anzahl von Funktionen (vor allem Filter), mit denen Bilder bearbeitet und verbessert werden können. In den folgenden Abschnitten wird eine Auswahl dieser Funktionen an konkreten Beispielen vorgeführt. So können Sie sich in das Programm einarbeiten, ohne zu viel theoretischen Ballast vorweg konsumieren zu müssen. Hintergrundwissen zu einzelnen Aspekten fließt dabei an den passenden Stellen ein. Anderes können Sie in der *Referenz* nachschlagen. Sollten Sie noch keinerlei Erfahrung mit Photoshop haben, empfehlen wir Ihnen, zuvor das *Kapitel 2: Photoshop installieren, einrichten und kennen lernen* durchzuarbeiten.

Tipp

Sie sollten eine Anzahl Bilder bereitstellen, mit denen Sie die folgenden Übungen durchführen können. Sicher haben Sie eine Foto-CD oder eingescannte Fotos zur Verfügung. Zur Not tun es auch die Bilder, die Windows mitgegeben werden (z. B. für die Hintergründe).

Bilder anpassen

Bilder vergrößern

Zur Bildvergrößerung bietet Photoshop zwei Methoden an: das Vergrößern mit der Lupe oder die Eingabe der Größe manuell als Prozentzahl. Dabei wird schon deutlich, dass das Bild nicht wirklich größer wird, sondern nur gezoomt wird. Es ist im Grunde genommen keine wirkliche Bildänderung, aber eine Methode, die bei der Bildbearbeitung relativ häufig verwendet wird.

Bilder durch Direkteingabe vergrößern

Um ein Bild zu vergrößern bzw. zu verkleinern, gehen Sie so vor:

1. Öffnen Sie ein Bild, um es vergrößern zu können.

> **Hinweis**
>
> In der Titelleiste eines jeden Bildes ist immer der Name, das Dateiformat, die Bildgröße und der Farbmodus angegeben. Dieses Bild hat nur 50% seiner eigentlichen Größe. Dennoch füllt es fast den Bildschirm aus. Um mehrere Bilder nebeneinander betrachten zu können, muss die Bildgröße also verringert werden.

2. Ganz unten links auf der Arbeitsfläche von Photoshop finden Sie die Größenangabe des Bildes, das gerade bearbeitet wird. Hier können Sie auch die Bildgröße verändern. Klicken Sie dazu vor das %-Zeichen und löschen Sie die alte Angabe. Geben Sie nun eine beliebige Größenangabe ein.

3. Bestätigen Sie dann mit ⏎.

3. Mit Photoshop arbeiten

Der Vorteil, den Sie haben, wenn Sie die Bildgröße manuell eingeben – im Gegensatz zur Lupe – besteht darin, dass für alle Bilder, die gleichzeitig geöffnet sind und betrachtet werden, die gleiche Größe eingegeben wird. Das ist besonders günstig bei der Vorher/Nachher-Betrachtung eines verbesserten Fotos. Die beiden Bilder lassen sich so bequem in der gleichen Größe nebeneinander stellen.

Bilder mit der Lupe vergrößern

Um Bilder mit der Lupe zu vergrößern, gehen Sie folgendermaßen vor:

1. Öffnen Sie ein Bild zum Vergrößern.
2. Klicken Sie in der Werkzeugleiste auf das Symbol *Zoom Tool* (*Lupe*).
3. Klicken Sie auf eine bestimmte Stelle im Bild, die Sie vergrößern wollen, Sie können so bis zu einer Vergrößerung von 1.600% punktgenau hineinzoomen.

Ein freundliches Hundegesicht mit einer Vergrößerung von 300%

> **Tipp**
>
> Sie können das Bild auch genau an die Arbeitsfläche von Photoshop anpassen. Dies machen Sie, indem Sie mit der rechten Maustaste in das Bild klicken. Im sich öffnenden Kontextmenü wählen Sie dann *Fit on Screen (An Bildschirm anpassen)* aus. Das Bild wird dann an die Arbeitsfläche angepasst. Die Lupe muss dazu allerdings als Werkzeug ausgewählt sein.

Bilder mit dem Navigator vergrößern

Eine weitere Methode das Bild zu vergrößern bzw. zu verkleinern, können Sie mit dem Navigator umsetzen. Diesen finden Sie unter *Window (Fenster) > Navigator*. Er eignet sich besonders bei großen Bildern zur Orientierung. Mit dem Schieberegler können Sie in das Bild hinein- oder hinauszoomen. Wenn Sie mit dem Mauszeiger im Navigator auf das Bild fahren, wird dieser zu einer Hand. Damit können Sie festlegen, welche Stelle bearbeitet, vergrößert oder verkleinert werden soll. Der sichtbare Bereich ist im Navigator mit einem roten Rahmen gekennzeichnet.

Der Navigator erleichtert es, den Überblick besonders in großen Bildern zu behalten.

Bilder skalieren – Ändern der Auflösung

Um ein Bild gut bearbeiten zu können, ist man auf eine möglichst hohe Auflösung angewiesen. Sie kann eigentlich nicht groß genug sein. Soll das Bild aber nach dem Bearbeiten wieder ausgedruckt werden, kann es von Vorteil sein, die Auflösung zu reduzieren. Auch bei Bildern, die für den Einsatz im Internet bestimmt sind, ist eine niedrige Auflösung sinnvoller, um kürze Ladezeiten zu ermöglichen. Hier haben sich in der Regel 72 dpi durchgesetzt. Wie Sie ein Bild mit mehreren Hundert dpi auf gerade einmal 72 dpi reduzieren, erfahren Sie, wenn Sie der nächsten Schritt-für-Schritt-Anleitung folgen:

1. Öffnen Sie das Bild, dessen Auflösung reduziert werden soll.
2. Rufen Sie nun unter *Image (Bild)* > *Image Size (Bildgröße)* auf.
3. Nun öffnet sich ein Dialogfenster, in dem Sie einige Einstellungen vornehmen können. Im oberen Teil finden Sie die *Pixel Dimensions (Pixelmaße)*. Diese können Sie frei verändern, da Photoshop bei einer Erhöhung bzw. bei einer Verringerung der Auflösung eine Neuberechnung der Pixel-Gesamtzahl vornimmt. Dabei genügt es, sich entweder die Pixel-Zahl der *Breite (Width)* oder der *Höhe (High)* vorzunehmen. Die Pixel-Zahl für die jeweils zweite Angabe wird über das Höhen-Breiten-Verhältnis berechnet. Sie können die Ausmaße des Bildes anstatt in Pixel auch in *Prozent (percent)* angeben.

Gleichzeitig werden im Bereich *Document Size (Dateigröße)* Höhe und Breite mit verändert. Die Einheiten dieser Größen sind Standardmäßig in *cm* eingestellt. Wahlweise können aber auch einige andere Einheiten eingestellt werden wie zum Beispiel: *inch*, *mm* oder *points*. Die Auflösung können Sie unter *Resolution (Auflösung)* einstellen. Geben Sie hier *72 Pixel/inch* ein.

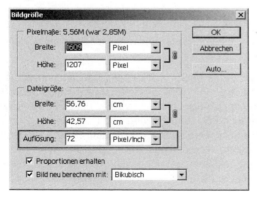

4. Um zu verhindern, dass das Bild verzerrt wird, machen Sie in das Kästchen vor *Constrain Proportions (Proportionen erhalten)* einen Haken durch Anklicken. Außerdem sollte das Kästchen vor *Resample Image (Bild Neuberechnen mit)* einen Haken enthalten. Als Interpolationsmethode ist in der Regel *Bicubic (Bikubisch)* eingestellt. Dies ist zwar die rechenaufwendigste Methode, jedoch liefert Sie auch die besten Ergebnisse.

5. Nachdem Sie alle nötigen Einstellungen vorgenommen haben, starten Sie den Skaliervorgang mit *OK*.

Hinweis

Während das Verringern der Auflösung in der Regel zu keinem oder nur geringem Qualitätsverlust führt, sollten Sie eine Vergrößerung möglichst vermeiden. Falls Vergrößerungen unumgänglich sind, sollten diese jedoch nicht größer als 130% der ursprünglichen Auflösung betragen. Die Vergrößerung hat trotz Interpolationsmethode eine zwangsläufige Verschlechterung der Qualität zur Folge. Dies spiegelt sich meist durch Unschärfe wieder. Bei Bildern, die für den Druck vorgesehen sind, kommt es recht häufig vor, dass die Gesamtpixelzahl reduziert werden muss.

Bildpunktberechnung oder Interpolation

Wenn die Auflösung eines Bildes verändert wird, es also skaliert wird, müssen neue Pixel hinzuberechnet oder entfernt werden. Hierfür gibt es verschiedene Methoden der Bildpunktberechnung, auch Interpolation genannt. Berechnen müssen Sie allerdings nichts – das macht Photoshop für Sie. Kenntnisse der höheren Mathematik sind also nicht erforderlich.

Interpolationsmethoden

In Photoshop können Sie bei der Skalierung aus drei verschiedenen Interpolationsmethoden wählen:

- **Pixelwiederholung:** Diese Methode heißt in der englischen Version von Photoshop *Nearest Neighbor*, was diese Interpolationsmethode eigentlich auch besser beschreibt. Dabei werden nämlich Pixel hinzugerechnet, die den bestehenden entsprechen. Es wird hierbei auch kein Anti-Aliasing-Effekt verwendet, wodurch ein Treppcheneffekt entstehen kann. Dies spart zwar Rechenzeit, ist aber deshalb nur für Bilder zu empfehlen, die im Wesentlichen aus vertikal und horizontal verlaufenden Konturen und Linien bestehen. Bei der Skyline von New York, die sich schwarz vor dem Sonnenuntergang abhebt, wäre diese Interpolationsmethode denkbar.

3. Mit Photoshop arbeiten

- **Bilinear:** Bei dieser Interpolationsmethode werden Mittelwerte benachbarter Pixel berechnet. Zwar ist diese Methode schon eher geeignet als die Pixelwiederholung, jedoch ist die Qualität auch nur mittelmäßig. Eine Anwendung empfiehlt sich bei Computersystemen, die nicht gerade zu den High-End-Geräten gezählt werden können. Hier ist es vielleicht nicht verkehrt, diese Methode zu wählen, da Sie dann einen guten Kompromiss aus Qualität und Rechenzeit darstellen.
- **Bikubisch:** *Bicubic* ist in Photoshop unter *Image Size* (*Bildgröße*) als Standard eingestellt. Dies ist durchaus sinnvoll, da diese Methode die beste Qualität bei der Skalierung bringt. Der Nachteil liegt also in der langen Rechenzeit, die benötigt wird, um die fehlenden Pixel zu berechnen. Bei leistungsfähigen Systemen ist dies aber nicht unbedingt ein Problem.

Interpolationsmethoden anwenden

Wie Sie die Interpolationsmethoden einstellen, lesen Sie hier:

1. Öffnen Sie das Bild, das skaliert werden soll.
2. Wählen Sie unter *Image (Bild) > Image Size (Bildgröße)* aus.
3. In der Dialogbox können Sie im unteren Bereich unter *Resample Image (Bild Neuberechnen mit)* die Interpolationsmethode auswählen.

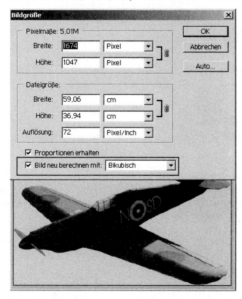

4. Wenn Sie die gewünschte Interpolationsmethode ausgewählt haben, dann bestätigen Sie Sie, indem Sie auf den Button *OK* klicken.

Zum Vergleich hier drei Beispiele für die Interpolationsmethoden:

1. Interpolationsmethode *Nearest Neighbor*

2. Interpolationsmethode *Bilienar*

3. Interpolationsmethode *Bicubic* (*Bikubisch*)

Die bikubische Interpolationsmethode bringt die besten Ergebnisse.

Tipp

Da beim Skalieren der Bilder immer ein Qualitätsverlust auftritt, besonders bei Bildern niedriger Auflösung, empfiehlt es sich, diesen etwas mit einem Scharfzeichnungsfilter auszugleichen. Den finden Sie unter *Filter > Sharpen (Scharfzeichnungsfilter) > Unsharp Mask (Unscharf Maskieren)*.

Bilder beschneiden

Wenn Sie ein Bild haben, auf dem viel Hintergrund oder Horizont zu sehen ist, wodurch das eigentliche Motiv etwas klein oder unscheinbar erscheint, dann ist es ratsam, das Bild auf eine Größe zurechtzuschneiden, die dem Motiv gerecht wird. Der Hintergrund wird also reduziert, was das eigentliche Objekt zum Blickfang macht. Gerade in einem solchen Fall, in dem kleinere Objekte vergrößert werden, ist eine hohe Auflösung Vorraussetzung.

Einfaches Beschneiden eines Bildes

Das Beschneiden eines Bildes mit Photoshop ist fast so einfach wie das Beschneiden eines Fotos mit der Schere – und man kann sich dabei noch nicht einmal in die Finger schneiden!

Hier soll der Vordergrund stärker betont werden. Dies geht am besten durch eine Beschneidung des Hintergrundes.

Um ein Bild mit dem Menübefehl *Arbeitsfläche* zu beschneiden, gehen Sie folgendermaßen vor:

1. Öffnen Sie ein Bild, das Sie beschneiden möchten.
2. Rufen Sie *Image (Bild) > Canvas Size (Arbeitsfläche)* auf.
3. In der Dialogbox *Canvas Size* sehen Sie im oberen Bereich unter *Current Size (Aktuelle Größe)* die Maße von Breite und Höhe, die das Bild im Originalzustand hat. Darunter können Sie unter *New Size (neue Größe)* die Maße eingeben, die das Bild nach dem Beschneiden haben soll. Daneben können Sie die Maßeinheit einstellen. Standardmäßig ist immer *cm* eingestellt. Unter *Anchor (Postition)* können Sie auswählen, von welcher Position aus das Bild beschnitten werden soll, also welchen Bereich Sie hervorheben wollen. Soll das Bild von allen Seiten gleichmäßig beschnitten werden, dann wählen Sie das Feld in der Mitte aus. Nehmen Sie alle nötigen Einstellungen vor.

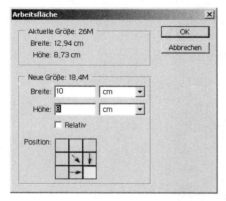

4. Lassen Sie das Bild beschneiden, indem Sie ihre Eingaben mit *OK* bestätigen.

5. Bestätigen Sie die Warnmeldung mit *Proceed (Fortfahren)*.
6. Speichern Sie das beschnittene Bild über *File (Datei) > Save as (Speichern als)* unter einem neuen Namen ab, um das Original zu erhalten.

Photoshop beschneidet nun das Bild. Die Warnmeldung wird übrigens immer ausgegeben.

3. Mit Photoshop arbeiten 59

Das Bild nach dem Beschneiden

Das Freistellwerkzeug zum Beschneiden nutzen

Anders als beim Beschneiden mit dem Menübefehl *Arbeitsfläche* können Sie mit dem Freistellwerkzeug schon vor dem Beschneiden beurteilen, wie das beschnittene Bild wirkt. Dies ist möglich, da die nicht ausgewählten Bereiche abgedunkelt werden. Außerdem können Sie die beschnitte Fläche auch Kippen.

Wie Sie vorgehen müssen, um mit dem Freistellwerkzeug zu einem brauchbaren Ergebnis zu kommen, lesen Sie im Folgenden:

1. Öffnen Sie ein Bild, das Sie mit dem Freistellwerkzeug beschneiden möchten.

2. Aktivieren Sie das Freistellwerkzeug, indem Sie in der Werkzeugleiste auf das Symbol *Crop Tool* klicken.

3. Mit der Aktivierung des Freistellwerkzeugs wird unter der Menüleiste die Eigenschaftsleiste eingeblendet. Bevor Sie das Freistellwerkzeug benutzen, können Sie dort die aktuellen Daten des Bildes anzeigen lassen, indem Sie auf die Schaltfläche *Front Image (Vorderes Bild)* klicken. Wenn Sie für das neue Bild auch gleich die Auflösung festlegen wollen, z. B. 72 dpi, weil es für eine Homepage benutzt werden soll, klicken Sie zunächst auf die Schaltfläche *Clear (Löschen)* und geben dann im Textfeld *Resolution (Auflösung)* die gewünschten 72 dpi ein.

4. Beschneiden Sie nun das Bild. Dies machen Sie, indem Sie mit dem Mauszeiger an eine Stelle im Bild klicken, die einer der Eckpunkte des beschnittenen Bildes werden soll. Halten Sie die Maustaste gedrückt und ziehen Sie den Mauszeiger an die diagonal gegenüberliegende Ecke des ersten Eckpunktes. Lassen Sie dann die Maustaste los. Der beschnittene Bereich des Bildes wird nun durch eine gestrichelten Linie vom Rest des Ursprungsbildes getrennt. Dieser ist abgedunkelt. So können Sie besser abschätzen, welche Wirkung das Bild später haben wird. In der Mitte des beschnittenen Bereiches sehen Sie ein Fadenkreuz. Außerdem hat sich auch die Eigenschaftsleiste verändert.

5. In dieser Eigenschaftsleiste können Sie unter *Opacity (Deckkraft)* die Intensität des abgedunkelten Bereiches regeln. Wenn Sie mit dem Mauszeiger in den abgedunkelten Bereich fahren, wird aus dem Mauszeiger an den Eckpunkten ein gebogener Pfeil. Falls Sie den beschnittenen Bereich kippen wollen, müssen Sie jetzt die linke Maustaste drücken. Halten Sie die Taste gedrückt und bewegen Sie die Maus nach rechts oder links. Wie Sie sehen werden, kippen Sie dabei den Bereich um den Drehpunkt in der Mitte. Diesen können Sie verschieben, indem Sie ihn anklicken und bei gedrückter Maustaste an eine beliebige Stelle innerhalb des Bereiches bewegen. Lassen Sie dann die Maustaste los.

3. Mit Photoshop arbeiten

6. Wenn Sie das Bild nach ihren Vorstellungen beschnitten haben, klicken Sie mit der rechten Maustaste in das Bild. In dem sich nun öffnenden Kontext-Menü können Sie zwischen *Crop (Beschneiden)* und *Cancel (Abbrechen)* wählen. Alternativ können Sie auch einen Doppelklick im beschnittenen Bereich ausführen, um den Beschneidungsvorgang zu starten. Bei diesem Vorgang wird das Bild nicht nur beschnitten, sondern auch gleichzeitig in die vorher angegebene Auflösung umgerechnet.

Das fertig beschnittene und neu berechnete Bild

> **Hinweis**
>
> Löschen Sie nach dem Beschneidungsvorgang alle Einstellungen in der Eigenschaftsleiste. Sie verhindern so, dass die Einstellungen nicht für ein anderes Bild übernommen werden, es sei denn, Sie wünschen dies.

Bilder drehen

Sie haben im Urlaub ein Foto gemacht, dabei aber den Fotoapparat schief gehalten? Das ist kein seltener Fehler und führt oft dazu, dass diese Fotos aussortiert und weggeworfen werden. Mit Photoshop können Sie die Bilder wieder gerade drehen und damit vorzeigbar machen. Gehen Sie dazu folgendermaßen vor:

1. Starten Sie Photoshop.
2. Klicken Sie auf *File (Datei)*.
3. Wählen Sie *Open (Öffnen)*.
4. Suchen Sie das Bild, das Sie bearbeiten möchten.
5. Bestätigen Sie mit *Öffnen*.

6. Öffnen Sie *Image (Bild) > Rotate Canvas (Arbeitsfläche drehen)*.
7. Wählen Sie *Arbitrary (Per Eingabe)*.
8. Geben Sie die Gradzahl an, um die das Bild gekippt werden soll ...

3. Mit Photoshop arbeiten

9. ... und ob das Bild im Uhrzeigersinn *CW (UZS)* bzw. gegen den Uhrzeigersinn *CCW (UZS)* gekippt werden soll.
10. Bestätigen Sie nun mit *OK.*

Jetzt ist der Horizont wieder so, wie er sein sollte: horizontal.

Hinweis

Die Funktion zum Drehen der Bilder mit Photoshop ist zwar eine feine Sache, sollte aber vermieden werden, da bei diesem Vorgang alle Pixel neu berechnet werden müssen. Die Qualität leidet darunter. Achten Sie lieber beim Fotografieren darauf, dass Sie die Kamera richtig halten, und legen Sie das Bild beim Scannen gerade auf die Auflagefläche.

Nachdem das Bild nun in die richtige Lage gedreht ist, bleiben an den Kanten allerdings noch weiße Flächen. Um diese zu beseitigen, kann man das eigentliche Motiv des Bildes ausschneiden.

Dies geht wie folgt:

1. Öffnen Sie das zu bearbeitende Bild.
2. Klicken Sie in der Werkzeugleiste auf das Auswahlrechteck.
3. Fahren Sie mit dem Fadenkreuz auf das Bild und markieren Sie den auszuschneidenden Bereich, indem Sie die Maustaste gedrückt halten.

64   *Photoshop 7 zum Nachschlagen*

4. Wählen Sie *Edit (Bearbeiten) > Cut (Ausschneiden)*.
5. Gehen Sie auf *File (Datei) > New (Neu)*.
6. Bestätigen Sie mit *OK*.
7. Wählen Sie *Edit > Paste (Einfügen)*.

Jetzt kommt der Krabbenkutter richtig zur Geltung.

3. Mit Photoshop arbeiten   65

Bilder spiegeln

Manchmal kann es bei der Bildbearbeitung erforderlich sein, ein Bild zu Spiegeln. Mir ging es zumindest so, als ich für ein Buchprojekt die Abbildung eines Esels brauchte. Als mir dann im Text auffiel, dass der Esel nach rechts schauen musste, mir aber nur ein nach links schauender Esel zur Verfügung stand, war zunächst guter Rat teuer. Ein neues Bild besorgen? Womöglich noch einmal mit der Kamera hinaus und einen Esel suchen? Das kam nicht in Frage – wozu gibt es denn Bildbearbeitungsprogramme?

Mit Photoshop ist solch ein Problem schnell gelöst. Schon mit wenigen Schritten können Sie jedes beliebige Bild spiegeln.

Dies geht wie in der folgenden Schritt-für-Schritt-Anleitung beschrieben:

1. Öffnen Sie das Bild, das Sie öffnen möchten.

2. Rufen Sie dann *Image (Bild)* > *Rotate Canvas (Arbeitsfläche drehen)* > *Flip vertikal (Arbeitsfläche vertikal spiegeln)* auf. Daraufhin wird das Bild um die senkrechte Achse gespiegelt. Wenn Sie *Flip horizontal* wählen, wird das Bild um die waagrechte Achse gespiegelt.

Das Bild wurde gespiegelt, was besonders am Text auffällt.

Sie sehen: Solch eine Aufgabe ist mit Photoshop so schnell gelöst, dass sogar das Nachdenken über eine andere Lösung meistens verlorene Zeit bedeutet.

Bilder in andere Formate konvertieren

Warum gibt es verschiedene Formate?

Ein Bild, das mit einer sehr hohen Auflösung bei einer sehr großen Fläche, z.B. DIN A4 oder größer, eingescannt wird, erreicht schon mal bis zu 100 MByte Datengröße. Dies ist zur Archivierung eines Bildes eher zuviel. Mit 8 bis 9 Bildern wäre ein CD-Rohling voll. Zwar hat ein derart großes Bild eine Menge Pixel und eignet sich daher auch gut zum Bearbeiten, es ist jedoch selbst heute noch viel zu groß für den täglichen Gebrauch. Besonders Bilder, die im Internet eingesetzt werden sollen, dürfen in der Regel nicht mehr als nur wenige KByte groß sein. Um diese Bilder nun auf ein akzeptables Maß zu bringen, werden sie am besten in ein anderes Format konvertiert. Diese komprimieren die Bildinformationen oft, so dass nur wenige Bildinformationen verloren gehen. Einige Formate haben sich im Internet durchgesetzt (*GIF* und *JPEG*), andere dagegen eher für die Archivierung oder für den Druck (z.B. *TIFF*), daneben gibt es noch von fast jedem besseren Bildverarbeitungsprogramm eigene Formate wie das *PSD*-Format, in dem Photoshop automatisch Bilder abspeichert. Solche Formate enthalten fast alle Bildinformationen, sind dann aber auch entsprechend umfangreich. Jedes Bild hat so seine Eigenheiten und Vor- und Nachteile. Um diese besser zu verstehen, sind einige Grundlagen zur Farbtiefe notwendig.

Farbtiefe

Die Farbtiefe wird im Allgemeinen in Bit angegeben. Manchen ist dies vielleicht von den technischen Angaben zur Grafikkarte bekannt, die zurzeit Farbtiefen bis zu 32 Bit unterstützen. Dies ist allerdings mehr, als bei der Bildbearbeitung notwendig ist, da hier in der Regel nicht mehr als 24 Bit benötigt werden. Genau genommen ist Bit eine Angabe für die Zustände, die ein Bildpunkt (Pixel) annehmen kann. Bei 1 Bit Farbtiefe sind dies genau zwei. Entweder Schwarz oder Weiß. Im technischen Sprachgebrauch ist der Zustand also „An" oder „Aus", wobei der Zustand *An* (= 1) mit der Information *Schwarz* und der Zustand *Aus* (= 0) mit der Farbinformation *Weiß* belegt wird. Es werden bei einem Bit also 2 hoch 1 Farben pro Pixel zugewiesen. Bei einer Farbtiefe von 2 Bit sind dies schon 4 Farben, da 2 hoch 2 vier ergibt. Das 4-Bit-Format verwendet Windows zum Beispiel, wenn es den Rechner im abgesicherten Modus startet. Dieses Format verfügt schon über ganze 16 Farben, das 8-Bit-Format dann über 256, das 16-Bit-Format über 65.536 und das 24-Bit-Format verwaltet 16,7 Mio. Farben. Beim 32-Bit-Format werden zu den 16,7 Mio. Farben noch 256 Kontraststufen mit gespeichert.

Die einzelnen Formate im Überblick

GIF

Dieses Format ist praktisch schon der Standard der im Internet gebräuchlichen Formate. Es kann Bilder mit maximal 8 Bit darstellen, komprimiert diese dafür aber sehr stark. Aus den 8 Bit können auch geringere Farbtiefen eingestellt werden, um die Dateigröße beispielsweise sehr klein zu halten. Außerdem unterstützt dieses Format Transparenzen und Animationen, kann aber nur eine Ebene verwalten. Ein Bild, das ursprünglich aus mehreren Ebenen bestand, wird beim Speichern in diesem Format auf nur eine Ebene reduziert, wobei die anderen Ebenen auf die Hintergrundebene projiziert werden.

JPEG

Dieses Format ist auch ein im Internet gebräuchliches Format und wird besonders für Fotos verwendet. Es hat eine sehr hohe Kompressionsrate. Damit geht aber auch eine hohe Verlustrate einher. Der größte Vorteil besteht wohl darin, dass es im Echtfarbenmodus komprimiert. *JPEG* kann mit dem als *True Color* bezeichneten 24-Bit-Format umgehen. Einfache Grafiken können aber auch im 8-Bit-Format dargestellt werden.

TIFF

Dieses Format, das Farbtiefen bis 32 Bit verwalten kann, wird vor allem verwendet für Dateien, die gedruckt werden sollen. Es wird von fast allen Programmen unterstützt, die irgendwie mit Grafiken umgehen können. Grafiken, die in diesem Format gespeichert sind, können verlustfrei um 20 bis 40% komprimiert werden. Je nach Kompressionsverfahren kann dieses Format auch Transparenzen speichern. Möglich ist auch das Abspeichern in diesem Format ohne Kompression. Mit dem *JPEG*-Kompressionsverfahren, das *TIFF* ebenfalls unterstützt, lassen sich verschiedene Qualitätsstufen einstellen.

PNG

Dieses lizenzfreie Format besitzt einige wichtige Eigenschaften der anderen Webformate. Echtfarben werden ebenso unterstützt wie Transparenzen. Die Komprimierung ist nahezu verlustfrei. Einziger Nachteil: Einige ältere Browser kommen mit diesem Format nicht zurecht. Alle aktuellen Browser dagegen schon.

PSD

Dies ist das Photoshop eigene Format, das alle Funktionen, die von Photoshop angeboten werden, unterstützt. Als Webformat ist es allerdings weniger geeignet. Nicht alle Bildbearbeitungsprogramme kommen mit diesem Format zurecht. Dieses Format wird sowohl von Mac- als auch von PC-Systemen unterstützt.

BMP

Dies ist ein Windows-Bitmap-Format. Es wird z.B. für die Hintergrundbilder auf dem Desktop eingesetzt. Außerdem werden Dateien in diesem Format in der Zwischenablage erzeugt. Da es keinerlei Kompression unterstützt, sind die Dateien sehr groß.

Die Farbpaletten

Besonders bei Bildern, die für das Web gespeichert werden, ist es nicht immer nötig, diese als 24-Bit-Bilder zu speichern. Oftmals genügen 8 Bit mit 256 Farben aus, um die Bilder ansehnlich darzustellen. Hierfür eignet sich das *GIF*-Format eigentlich hervorragend. Um die 8 Bit auch brauchbar umzusetzen, bedient man sich verschiedener Farbpaletten, die unter anderem dafür sorgen, dass die Farben auf unterschiedlichen Systemen nicht verfälscht dargestellt werden. Grundsätzlich unterscheidet man zwei Arten von Farbpaletten. Die flexiblen Farbpaletten und die festen Farbpaletten.

Die flexiblen Farbpaletten

Diese Farbpaletten werden von der Software auf jedes Bild neu angepasst, was auch den Namen erklärt. Sie werden besonders bei der Farbreduzierung eingesetzt. Dabei orientieren Sie sich an der relativen Häufigkeit der einzelnen Farbtöne. Hier gibt es drei verschiedene Paletten, die alle mit unterschiedlichen Algorithmen arbeiten. Photoshop bietet die Farbpaletten *Local (Selectiv)*, *Local (Perceptual)* und *Local (Adaptive)* an.

Die festen Farbpaletten

Die zweite Kategorie sind die festen Farbpaletten, zu ihnen gehören die Systemfarbpaletten und die Webfarbpalette. Die Systemfarbpaletten sind fest vorgegebene Farbpaletten, die das gesamte Farbspektrum abdecken. Diese sind an das jeweilige System angepasst, was zu Farbverfälschungen führt, wenn eine Palette auf dem jeweils anderen System genutzt wird.

Die Webfarbpalette

Diese Farbpalette gehört auch zu den festen Farbpaletten. Sie verwaltet zwar nur 216 Farben, stellt dadurch aber sicher, dass die Bilder systemunabhängig immer richtig dargestellt werden. Für Fotografien ist diese Palette allerdings weniger geeignet, da die Farbanzahl zu stark begrenzt ist.

3. Mit Photoshop arbeiten 69

Als *GIF*-Datei speichern

Wenn Sie nun ein Bild im Webdesign einsetzen möchten, sollten Sie es als *GIF*- oder *JPG*-Datei abspeichern. Eine Auflösung von 72 dpi ist dabei ideal. Das Speichern im *GIF*-Format wird in der folgenden Schritt-für-Schritt-Anleitung erklärt.

> **Tipp**
>
> Am besten eigenen sich Bilder, die im *TIFF-* oder *PSD*-Format gespeichert sind, zum Konvertieren ins *GIF*-Format.

Wie Sie ein Bild im *GIF*-Format speichern, lesen Sie im Folgenden:

1. Öffnen Sie das Bild, das Sie im GIF-Format speichern möchten. Das Format, in dem das Bild momentan gespeichert ist, erkennen Sie an der Titelleiste des Bildfensters.

2. Wählen Sie *File (Datei) > Save as (Speichern als)*, um das Bild zu speichern.

3. Geben Sie im Textfeld *Name* den Namen ein, den das Bild erhalten soll. Darunter können Sie aus einer Liste das Format auswählen, in das Sie das Bild konvertieren wollen. Wählen Sie hier das Format *GIF* aus. Geben Sie, wenn nötig, den richtigen Pfad ein.

4. Bestätigen Sie alle Einstellungen mit *OK*. Sollte Ihr Bild aus mehreren bestehen, werden Sie nun gefragt, ob diese zu einer Ebene zusammengefasst werden sollen. Das Dateiformat kann nämlich nur eine Ebene verwalten. Bestätigen Sie auch hier mit *OK*.

5. Die Dialogbox, die jetzt erscheint, erreichen Sie auch über *Image (Bild) > Adjustments (Einstellen) > Mode (Modus) > Indexed Color (Indizierte Farben)*.

6. Unter dem Bereich *Palette* wählen Sie hier eine Palette aus, die dem Anwendungszweck des Bildes entspricht. Soll das Bild im Webdesign eingesetzt werden, wählen Sie hierzu die Palette *Web* aus.

Hinweis

Diese Palette verwaltet zwar nur 216 Farben, stellt aber sicher, dass das Bild auf jedem System in den richtigen Farben dargestellt wird. Wollen Sie das Bild systemabhängig speichern, wählen Sie eine Systempalette aus, also *System (Windows)* oder *System (Mac)*. Mit der Auswahl der Palette werden in der Regel auch gleich die richtigen Farben mit eingestellt. Unter *Forced (Erzwungen)* müssen Sie in der Regel nichts ändern. Die Funktion *Transparent* steht nicht bei allen Farbpaletten zur Verfügung. Wird sie aktiviert, verwaltet das *GIF*-Format auch transparente Flächen, die andernfalls in der Hintergrundfarbe oder in Weiß dargestellt werden.

3. Mit Photoshop arbeiten 71

7. Unter *Options (Optinen)* stellen Sie *Dither (Diffusion)* ein. Die 50% unter *Amount (Stärke)* können Sie ebenfalls so belassen. Schließen Sie den Konvertierungsvorgang ab, indem Sie auf *OK* klicken.

8. Die *Row Order (Zeilenfolge)* belassen Sie ebenfalls auf *normal*, bestätigen Sie wiederum mit *OK*.

Die Abbildung wurde fast ohne sichtbare Verluste ins GIF-Format konvertiert.

Farbübergänge simulieren durch Dithering

Werden Bilder im 8-Bit-Format gespeichert, stehen hier nur 256 Farben zur Verfügung. In manchen fällen ist dies zu wenig, um feine Farbübergänge darstellen zu können. Dabei gehen dann Farbinformationen verloren und verursachen große einfarbige Flächen, was einen sehr unnatürlichen Effekt zur Folge hat.

Dieses Bild wurde in das 8-Bit-Format konvertiert. Dabei wurde kein Dithering angewandt.

Um dennoch Farbverläufe darstellen zu können, gibt es bei der *GIF*-Formatierung die Option *Dither (Dithering)*. Dabei wird das Bild mit einem Raster unterteilt. Feine Farbverläufe, die nicht mit 256 Farben dargestellt werden können, werden beim Dithering verändert, indem anhand der vorhandenen Farbtabelle ähnliche Farben dazugerechnet werden. So kann ein Farbverlauf, zumindest ansatzweise, simuliert werden.

In Photoshop gibt es drei Dithering-Methoden: *Diffusion*, *Pattern (Muster)* und *Noise (Störungsfilter)*. In den meisten Fällen eignet sich *Diffusion* am besten. Die Stärke des Dither-Musters können Sie unter *Amount (Stärke)* in % einstellen.

3. Mit Photoshop arbeiten 73

Bei diesem Bild wurde die Dithering-Methode Diffusion mit einer Stärke von 100% eingesetzt.

Bilder im *JPEG*-Format für das Web speichern

Bilder, die auf Seiten im Internet eingesetzt werden sollen, dürfen nicht zu groß sein, um lange Ladezeiten der Seite zu verhindern. Ein Standardformat ist das *GIF*-Format, jedoch ist es mit seinen maximal 8 Bit Farbtiefe nicht besonders gut geeignet für Fotos. Ein weiteres Format, das sich als Webformat durchgesetzt hat, ist das *JPEG*-Format. Es kann Bilder im True Color-Modus speichern, kommt aber auch mit 8 Bit zurecht. Es ist für Fotos im Internet die erste Wahl. Bei diesem Kompressionsverfahren werden ähnliche Farben zu einer einzigen Farbe zusammengefasst. Dadurch entstehen zum Teil große einfarbige Flächen ohne Farbverläufe. Dies ist jedoch abhängig von der Qualitätsstufe. Diese lässt sich jedoch einstellen, sodass entweder mehr oder weniger Helligkeitsstufen zu einer Farbe zusammengefasst werden.

Wie Sie Ihr Bild ins *JPEG*-Format konvertieren, erfahren Sie in der folgenden Schritt-für-Schritt-Anleitung:

1. Wählen Sie ein Bild aus, das Sie in das JPEG-Format konvertieren möchten, und öffnen Sie es über *File (Datei)* > *Open (Öffnen)*.

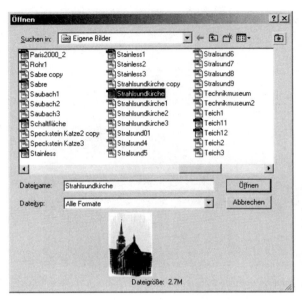

2. Öffnen Sie das Menü *File (Datei)* und wählen Sie daraus *Save as (Speichern unter)* aus.
3. Geben Sie einen neuen Dateinamen in das dazugehörige Textfeld ein.
4. Wählen Sie das *JPEG*-Format unter *Format* aus.
5. Klicken Sie anschließend auf die Schaltfläche *Speichern*.
6. Nun öffnet sich die Dialogbox *JPEG-Optionen*. Im Bereich *Image Options (Bild Optionen)* können Sie die Qualität einstellen, die das Bild später haben soll.

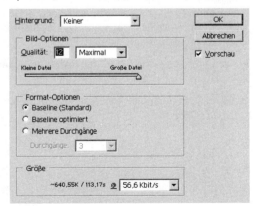

3. Mit Photoshop arbeiten

Dazu stehen Ihnen 12 Qualitätsstufen zur Auswahl. Stellen Sie die Qualität mit Hilfe des Reglers auf 12. Entsprechend der Qualität ist die Datei dann größer oder kleiner. Bei Bildern, die nicht so sehr auf eine gute Qualität angewiesen sind, sollten Sie aber eine niedrigere Stufe wählen. Im Web ist weniger manchmal mehr.

7. Im Bereich *Format-Options (Format-Optionen)* können Sie die Speichermethode auswählen.

Hinweis

Grundsätzlich empfiehlt sich *Baseline (Standard)*. Diese Speichermethode wird im Allgemeinen von allen Browsern unterstützt. Die Methode *Baseline Optimized (Baseline optimiert)* erhöht zwar etwas die Farbqualität bei gleichzeitiger weiterer Reduzierung der Datenmenge, ist aber nicht wirklich zu empfehlen, da nicht alle Browser mit dieser Speichermethode zurechtkommen. Die Methode *Progressive (Mehrere Durchgänge)* ermöglicht einen schnelleren sichtbaren Bildaufbau, bei dem die Details des Bildes erst grob abgebildet werden, während im Hintergrund noch der Rest an Bildinformationen berechnet wird. So wird das Bild beim Aufbau in mehreren Stufen immer besser erkennbar.

8. Wenn Sie alle Einstellungen vorgenommen haben, klicken Sie auf *OK*, um den Konvertierungsvorgang abzuschließen.

Das fertige Ergebnis

Je nach Qualitätswert und Speichermethode fällt die Dateigröße nach dem Speichern unterschiedlich aus. Das hier gezeigte Beispielbild hatte im *PSD*-Format eine Dateigröße von 5,5 MByte. Nach dem Konvertieren war sie nur noch 226 KByte groß. Mit einer Qualitätsstufe von 0 sind so Dateigrößen von wenigen KByte möglich, teilweise sogar im einstelligen Bereich. Man sollte allerdings beachten, dass dann die Qualität eigentlich nicht mehr die beste ist. In einem solchen Fall kann man auch andere Formate nutzen, die dann auch noch den ein oder anderen Vorteil haben.

> **Hinweis**
>
> Nach jedem Speichervorgang eines *JPEG*-Bildes nimmt die Qualität rapide ab. Speichern Sie deshalb ein Bild nie mehr als einmal im *JPEG*-Format. Sollten Sie mehrere Kopien desselben Bildes oder Teile dieses Bildes benötigen, speichern Sie das Originalbild in einem anderen Format. Am besten eignen sich *TIFF*- und *PSD*-Formate zum Konvertieren in ein *JPEG*-Format.

Bilder im *JPEG*-Format für den Webeinsatz optimieren

Um Bilder und Grafiken für das Web brauchbar zu machen, ist in der Regel eine starke Kompression nötig, um lange Ladezeiten zu verhindern. Dabei kann es passieren, dass es, besonders in kontrastreichen Bereichen, zu störenden Mustern und/oder Streifen kommen kann. Dieser Effekt lässt sich teilweise mit der Option *Weichzeichnen* beheben.

Wie Sie das Weichzeichnen anwenden, lesen Sie in der folgenden Schritt-für-Schritt-Anleitung:

1. Öffnen Sie eine Datei, die Sie optimieren möchten. Dies machen Sie über *File (Datei) > Open (Öffnen)*.

2. Wählen Sie den Pfad und die Datei aus und klicken Sie anschließend auf die Schaltfläche *Open (Öffnen)*.

3. Wählen Sie nun *File (Datei) > Save for Web (Für Web Speichern)*.

4. Es öffnet sich eine Dialogbox. Wählen Sie hier die Registerkarte *2-Up (2fach)*. Dies ermöglicht es Ihnen, das Original und das neue Bild in einem anderen Format zu betrachten.

5. Wählen Sie aus dem Listenfeld unter *Settings (Einstellungen)* das Format *JPEG*.

6. Unter *Quality (Qualiät)* geben Sie einen Wert von *60* ein. Hier sind Werte zwischen 0 und 100 möglich. Im Kästchen vor *Optimized (Optimiert)* sollte ein Häkchen sein. Mit diesen Einstellungen hat das Beispielbild jetzt eine Dateigröße von 217,8 KByte. Das Original hatte noch 1,08 MByte.

3. Mit Photoshop arbeiten

7. Um die Dateigröße noch weiter zu reduzieren, benutzen Sie die Funktion *Blur (Weichzeichnen)*. Hier können Sie einen Wert zwischen 0 und 2 eingeben. Geben Sie im Textfeld *0,5* ein. Das Bild erscheint jetzt etwas weicher bzw. verschwommener, aber die Dateigröße ist auf 157,3 KByte zurückgegangen. Wird ein Wert von 2 eingestellt, sinkt zwar die Dateigröße auf 64,92 KByte, aber das Bild hat einiges von seiner ursprünglichen Schärfe eingebüßt. Bei einer Qualität von 0 und einem Weichzeichnungswert von 2 hat das Bild nur noch 14,64 KByte, ist aber praktisch nicht mehr als das Original zu erkennen. Experimentieren Sie etwas mit der Weichzeichnungsfunktion, um ein zufrieden stellendes Ergebnis zu erreichen.

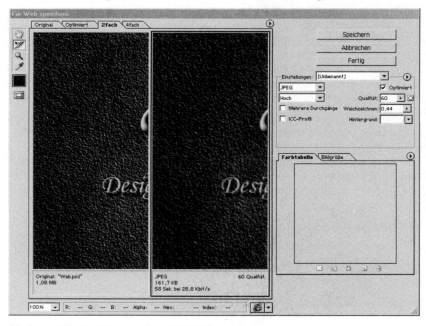

Die Dateigröße des Bildes wurde auf 161,7 KByte reduziert.

Bilder ins *TIFF*-Format konvertieren

Wenn Sie Ihre Bilder mit Photoshop bearbeitet haben, liegen diese wahrscheinlich noch im PSD-Format vor, da sich dieses am besten mit Photoshop bearbeiten lässt. Sollen diese Bilder nun für den Druck verwendet werden, sollten Sie sie im *TIFF*-Format speichern. Dieses Format ist nämlich für solche Bilder am besten geeignet. Auch zum Archivieren eignet es sich recht gut, da es von fast jedem Grafik- oder Bildbetrachtungsprogramm unterstützt wird. Zudem gehen beim Komprimieren nicht allzu viele Informationen verloren, sodass das Bild auch später noch gut bearbeitet werden kann.

Welches TIFF-Format eignet sich wofür?

Photoshop bietet zwei verschiedene *TIFF*-Formate an. Das hängt damit zusammen, dass das Format mehrere Kompressionsverfahren unterstützt. Photoshop unterscheidet zwischen dem *Basic TIFF-Format* und dem *Enhanced TIFF-Format*. Der Konvertierungsvorgang unterscheidet sich insoweit, das man beim Abspeichern mehr Einstellungsmöglichkeiten beim *Enhanced (erweiterten) TIFF-Format* hat.

Der Vorteil des *Basic TIFF-Format* liegt darin, dass alle Programme damit umgehen können, die das *TIFF*-Format unterstützen. Das *Enhanced TIFF-Format* dagegen wird unter Umständen nicht von allen Programmen verstanden.

Beim *Basic TIFF-Format* wird das so genannte LZW-Verfahren angewandt. Bei dieser Kompressionsmethode sind kaum sichtbare Verschlechterungen im Vergleich zum Original festzustellen. Dieses Verfahren ist ein verlustfreies Kompressionsverfahren. Außerdem ist es möglich, das *Basic TIFF-Format* auch ohne Kompressionsverfahren zu nutzen. Allerdings benötigt das Bild dann mehr Speicherplatz, als wenn es im *PSD*-Format gespeichert wurde.

Beim *Enhanced (erweiterten) TIFF-Format* kann man aus verschiedenen Kompressionsverfahren wählen. Dabei kann auch die Qualität beeinflusst werden. Wird beispielsweise das *JPEG*-Kompressionsverfahren eingesetzt, kann man über einen Schieberegler einstellen, ob das Bild eine hohe Qualität mit vergleichbar viel benötigtem Speicherplatz oder eine niedrige Qualität mit entsprechend wenig benötigtem Speicherplatz haben soll. Diese Kompressionsverfahren sind verlustreiche Verfahren.

Bilder im Basic TIFF-Format speichern

Bei diesem *TIFF*-Format können Sie nur auswählen, ob Sie mit oder ohne Kompression abspeichern wollen.

Wie das genau geht, erfahren Sie hier:

1. Öffnen Sie das Bild, das Sie abspeichern möchten.
2. Wählen Sie dann *File (Datei) > Save as (Speichern als)*.
3. Geben Sie einen Namen im Textfeld *Name* ein.
4. Suchen Sie dann unter *Format* das Format *Basic TIFF* aus. Vergessen Sie nicht den richtigen Pfad einzugeben.
5. Klicken Sie abschließend auf *Speichern*.

3. Mit Photoshop arbeiten

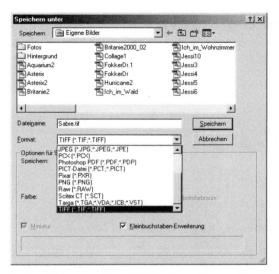

6. In der Dialogbox *Basic TIFF Options* können Sie nun Ihr System auswählen. Dies ist wichtig, da die unterschiedlichen Systeme unterschiedliche Farbpaletten benutzen und es sonst zu Farbverfälschungen kommen kann. Darunter ist ein Haken im Kästchen vor *LZW Compression (LZW Kompression)* zu machen. Dies ist die einzige Kompressionsart, die das *Basic TIFF-Format* unterstützt. Wollen Sie das Bild ohne Kompression abspeichern, dann klicken Sie in das Kästchen, um den Haken zu entfernen.

7. Bestätigen Sie Ihre Einstellungen mit *OK*.

Dieses Bild hatte im PSD*-Format noch 5 MByte Dateigröße. Nach dem Konvertieren ins* Basic TIFF*-Format mit der* LZK*-Kompression sind dies jetzt nur noch etwa 1,3 MByte.*

Bilder als Enhanced TIFF-*Dateien speichern*

Damit Sie die richtigen Einstellungen vornehmen, um Bilder mit möglichst viel Bildinformationen abzuspeichern oder eher als kleine Dateien, werden Ihnen im Folgenden die möglichen Optionen erklärt.

Wie Sie genau vorgehen müssen, um die Bilder richtig zu konvertieren, lesen Sie hier:

1. Öffnen Sie das Bild, das Sie ins *TIFF*-Format konvertieren möchten. Falls Sie es noch nicht in digitaler Form auf ihrem Computer haben, Scannen Sie es zunächst ein, wie weiter hinten in diesem Kapitel beschrieben.

2. Wählen Sie dann aus dem Menü *File (Datei) > Save as (Speichern als)*, um den Speichervorgang zu starten.

3. Geben Sie den neuen Namen des Bildes und den korrekten Pfad an.

4. Wählen Sie dann unter *Format* das *Enhanced (erweiterte) TIFF-Format* aus.

5. In der Dialogbox *Enhanced TIFF Options (Erweiterte TIFF Optionen)* können Sie nun verschiedene Einstellungen vornehmen. Standardmäßig schlägt Photoshop Ihnen vor, keine Kompression durchzuführen, da das die beste Qualität garantiert. Ist Ihr Speicherplatz rar, können Sie mit dem Regler die Qualität des Bildes und damit auch die Größe, die das Bild haben wird, einstellen. Dabei können Sie die Qualität von 0 bis 12 regeln. 0 bedeutet niedrige Qualität und eine geringe Dateigröße (*Low File*) und 12 entspricht der maximalen Qualität und dementsprechend einer großen Dateigröße (*Large File*)

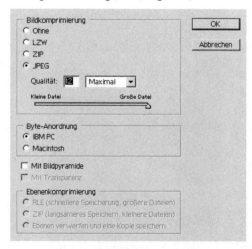

6. Im Bereich *Byte Order* wählen Sie das System aus, mit dem Sie arbeiten.

3. Mit Photoshop arbeiten 81

7. Um den Konvertierungsvorgang zu beenden, betätigen Sie die Schaltfläche *OK*.

Das linke Bild wurde im JPEG-Verfahren mit mittlerer Qualität gespeichert, das rechte im LZW-Verfahren.

Hinweis

Die Option *Save Transparency (Transparenzen speichern)* steht Ihnen nur dann zur Verfügung, wenn ihr Bild auch transparente Flächen enthält. Allerdings können Sie dann das *JPEG*-Kompressionsverfahren nicht mehr benutzen.

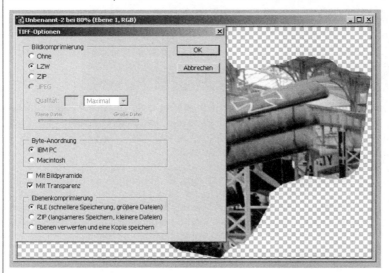

TIFF kann auch Transparenzen speichern.

Kontrast verbessern

Nachdem Sie ein Foto oder ein anderes Bild digitalisiert haben, z. B. mit dem Scanner, werden Sie oft feststellen, dass der Kontrast des Bildes zu hell oder insgesamt zu flach erscheint. Dies resultiert aus zu großen Differenzen in den Farbbereichen der Pixel. In einem solchen Falle müssen Sie den Kontrast bearbeiten und ihn nachträglich wieder richtig einstellen.

Eine erste Maßnahme bei der Bildbearbeitung ist die Auto-Kontrastkorrektur. Dies bringt nicht immer die besten Ergebnisse, kann zur Orientierung aber sehr nützlich sein. Gehen Sie dazu wie folgt vor:

1. Öffnen Sie ein Bild, in Photoshop, das Sie bearbeiten möchten.

2. Wählen Sie aus dem Menü *Image (Bild) Adjustments (Einstellen)* die Funktion *Auto Contrast*. Alternativ können Sie dazu die Tastenkombination (Alt)+(⇧)+(Strg)+(L) verwenden.

Hinweis

Bedenken Sie, dass eine Kontraständerung eine Verdunklung des Bildes mit sich bringt. Da dies allerdings aber wieder zu Qualitätseinbußen führt, ist die Kontraständerung der Auto-Kontrastkorrektur eher gering. Wenn Sie den Kontrast manuell einstellen, erzielen Sie bessere Ergebnisse, wenn Sie gleichzeitig die Helligkeit ändern. Jedoch nur dann, wenn das Bild nicht ohnehin schon zu hell ist.

Stralsunds Skyline wirkt nun nicht mehr so vernebelt.

Kontrast und Helligkeitsänderung manuell vornehmen

Wenn die Auto-Kontrastkorrektur nicht den gewünschten Effekt gebracht hat, sollten Sie es einmal mit der manuellen Helligkeits- und Kontraständerung versuchen. Dies geht folgendermaßen.

Dieser Klipper wirkt irgendwie flau, als ob er gerade in eine Nebelbank hineinfährt.

1. Öffnen Sie ein Bild, dessen Kontrast Sie erhöhen oder verringern möchten.
2. Rufen Sie *Image (Bild) > Adjustments (Einstellen) > Brightness/Contrast (Helligkeit/Kontrast)* auf.
3. Achten Sie darauf, dass im Kästchen vor *Preview (Vorschau)* ein Haken ist. Dann können Sie die Veränderung unmittelbar im Bild betrachten. Wenn Sie auf *Cancel (Abbrechen)* klicken, wird automatisch alles auf die Anfangswerte zurückgesetzt.

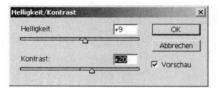

4. Hier können Sie mit Hilfe der Regler Helligkeit und Kontrast verändern. Wenn Sie eine starke Kontrastveränderung vornehmen wollen, sollten Sie auf jeden Fall auch die Helligkeit verändern.

Nun erstrahlt der Klipper in neuem Glanz. Deutlich ist die Kontrast- und Helligkeitsveränderung zu erkennen.

In der Regel ist die manuelle Kontrastkorrektur effektiver, erfordert aber doch Fingerspitzengefühl und etwas Erfahrung, um optimale Ergebnisse zu erreichen.

3. Mit Photoshop arbeiten 85

Staub und Kratzer entfernen

Manchmal ist die Linse auf dem Fotoapparat nicht ganz sauber und es erscheint ein Staubkorn im Bild, das eigentlich nicht gewünscht war. Besonders bei älteren Fotos, die Sie vielleicht in einer Kiste aufgehoben haben, kann es auch vorkommen, dass diese schon ein paar Kratzer haben. Diese Probleme können Sie mit Hilfe von Filterwerkzeugen entfernen.

Vorher: Das Foto noch unbearbeitet nach dem Einscannen

Gehen Sie folgendermaßen vor:

1. Öffnen Sie das beschädigte Bild.
2. Wählen Sie *Filter > Noise (Störungsfilter)*.
3. Aktivieren Sie die Funktion *Dust_Scratches (Staub & Kratzer)* durch Anklicken.
4. Der Mauszeiger ist nun zu einem Quadrat geworden. Wählen Sie damit eine Stelle mit einem Kratzer im Bild aus.

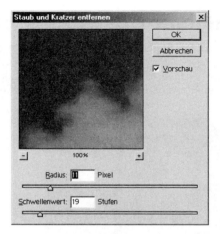

5. Stellen Sie mit den Reglern den *Pixelradius* und die *Levels (Stufen)* des *Threshold (Schwellenwertes)* ein. Haben Sie das *Preview (Vorschau)* aktiviert, können Sie die dadurch entstehenden Veränderungen im Bild verfolgen.

6. Klicken Sie auf *OK*, um den Vorgang abzuschließen.

Nachher: Nach der Bearbeitung sind keine Kratzer mehr zu sehen.

Flecken und Kratzer mit dem Stempel entfernen

Bei besonders großen Flecken auf einfarbigen Flächen oder bei kleineren Kratzern empfiehlt es sich, den Stempel zum Retuschieren zu benutzen. Dieser befindet sich auf der Werkzeugleiste: Mit Hilfe dieses Werkzeugs können Sie eine Farbe oder ein Muster kopieren und so den Fleck entfernen.

Dieses Bild weist so starke Verschmutzungen auf, dass diese mit dem Filter nicht mehr beseitigt werden können.

Um ein Foto mit dem Stempel zu retuschieren, gehen Sie folgendermaßen vor:

1. Öffnen Sie das Bild das retuschiert werden soll.
2. Klicken Sie in der Werkzeugleiste auf das Symbol des Stempels (*Clone Stamp Tool*)
3. Um eine Stelle zu definieren, die Sie verwenden möchten, um die Kratzer zu entfernen, halten Sie die [Alt]-Taste gedrückt. Der Mauszeiger ist nun ein Fadenkreuz. Fahren Sie mit dem Fadenkreuz auf diese Stelle und klicken Sie mit der linken Maustaste darauf.
4. Lassen Sie nun die [Alt]-Taste los.
5. Der Mauszeiger ist nun ein kleiner Kreis. Sie können jetzt auf die Kratzer klicken, um diese so zu entfernen. Während Sie die Funktion ausführen, erscheint zusätzlich noch ein Fadenkreuz. Es markiert die Stelle, die als Vorlage dient.

> **Tipp**
>
> Haben Sie einen besonders großen Fleck, der retuschiert werden soll? Dann vergrößern Sie einfach den Stempel, um die Arbeit zu vereinfachen. Dies machen Sie, indem Sie mit der rechten Maustaste auf das Bild klicken. Es öffnet sich ein Kontext-Menü in dem Sie die Größe des Stempels am Regler, unter *Master Diameter*, einstellen können. Die Größe wird in Pixeln (px) angegeben.

6. Entfernen Sie alle Kratzer und Flecken.

Nach dem Retuschieren mit dem Stempel weist das Foto nur noch sehr wenige Flecken auf. Es kann nun weiter bearbeitet werden.

Reparaturpinsel-Werkzeug zur Bildnachbearbeitung

Nachdem das Bild von den gröbsten Verschmutzungen mit Filter und Stempel gesäubert wurde, muss es nun nachbearbeitet werden. Filter und Stempel alleine führen nämlich nicht zu einem befriedigenden Ergebnis, wenn das Bild stark verschmutzt war. Bei übermäßigem Gebrauch dieser Werkzeuge leidet außerdem die Qualität des Bildes – meistens durch Unschärfe. Um nun die restlichen kleinen Staubkratzer zu entfernen, verwendet man am besten den Reparaturpinsel. Dieser wird ähnlich wie der Stempel gehandhabt. Er kopiert jedoch keine vorher definierte Stelle, sondern passt die bearbeitete Stelle der Umgebung in Farbe und Helligkeit an, das heißt bei einer dunklen Fläche, die einen weißen Kratzer hat, wird von der definierten Stelle

Farbe und Helligkeit übernommen und der neuen Umgebung angepasst. Der Kratzer wird entfernt, da dieser in puncto Helligkeit und Farbe nicht zur Umgebung passt.

Wie Sie den Reparaturpinsel richtig anwenden, lesen Sie hier:

1. Öffnen Sie das Bild, das mit dem Reparaturpinsel nachbearbeitet werden soll.
2. Klicken Sie in der Werkzeugleiste auf das *Zoom Tool (Lupe)*.
3. Fahren Sie mit dem Mauszeiger im Bild auf eine Stelle, die noch Verschmutzungen aufweist, und vergrößern Sie diese mehrmals, indem Sie auf diese mit der linken Maustaste klicken.

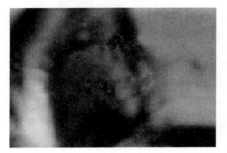

4. Wählen Sie in der Werkzeugleiste das *Healing Brush Tool (Reparaturpinsel)* aus.
5. Drücken Sie die [Alt]-Taste und fahren Sie dann mit dem Mauszeiger, der jetzt ein Fadenkreuz ist, auf eine Stelle ohne Verschmutzungen, die als Definitionsvorlage dienen soll.
6. Betätigen Sie jetzt die linke Maustaste bei gedrückter [Alt]-Taste. Lassen Sie abschließend die [Alt]-Taste los.
7. Klicken Sie jetzt mit dem Kreis auf die verschmutzten Stellen. Wenn sich Verschmutzungen auch in anderen farbigen Bereichen befinden, definieren Sie für diese die Vorlagen wie oben beschrieben neu.

8. Entfernen Sie so alle Verschmutzungen im Bild wie oben beschrieben.

Das fertig retuschierte Bild, jetzt ganz ohne Verschmutzungen. Es kann nun weiter aufgewertet werden.

Tonwertkorrektur vornehmen

In der Regel liegen digitale Bilder nicht in der Form vor, dass Sie unbearbeitet akzeptiert werden können, ganz gleich, ob Sie über den Scanner erfasst oder über eine Digitalkamera aufgenommen wurden. Sogar in professionellen Bildersammlungen finden sich Fotos, die in einer inakzeptablen Qualität vorliegen.

Die Tonwertkorrektur ist eine Möglichkeit, diese Bilder aufzubessern. Insbesondere die Farben können damit der tatsächlichen Situation, in der die Bilder aufgenommen wurden, angenähert werden. Lichter und Tiefen werden bei dieser Art Bildkorrektur manipuliert.

Photoshop bietet zwei Möglichkeiten zur Tonwertkorrektur: zum einen die *Auto-Tonwertkorrektur (Auto-Levels)* und zum anderen die *Manuelle Tonwertkorrektur (Levels)*. Die *Auto-Tonwertkorrektur* ist allerdings meistens eher als Richtwert anzusehen. Manuell lassen sich die Tonwerte wesentlich besser einstellen.

Um das Bild mit der automatischen Tonwertkorrektur qualitativ aufzuwerten, gehen Sie wie folgt vor:

1. Öffnen Sie das Bild, das bearbeitet werden soll.
2. Wählen Sie *Image (Bild)* und anschließend *Adjustments (Einstellen)*.
3. Klicken Sie auf *Auto Levels (Auto-Tonwertkorrektur)*.

Ausgangssituation ist ein Bild, das aus einem Flugzeug aufgenommen wurde und den Eindruck erweckt, als sei zum Zeitpunkt der Aufnahme schlechtes Wetter gewesen. Tatsächlich war aber schönes Wetter und Sonnenschein. An diesem Bild werden wir die Tonwertkorrektur ausprobieren. Sie werden in Ihrer Bildersammlung sicherlich ein ähnliches Bild finden.

Ein Bild mit der falsch angezeigten Wetterlage

Tipp
Suchen Sie ein Landschaftsbild ohne Menschen, um die Angaben im Beispiel möglichst gleich nachvollziehen zu können.

Auto-Tonwertkorrektur

Die *Auto-Tonwertkorrektur* ist die einfachste Form der digitalen Bildkorrektur. Dabei werden die Grenzwerte der weißen und schwarzen Pixel der Grafik auf 0,5% eingestellt und extreme Pixel herausgefiltert. Sie gehen einfach folgendermaßen vor:

1. Öffnen Sie in Photoshop das zu bearbeitende Bild.
2. Wählen Sie *Image (Bild) > Adjustments (Einstellen) > Auto Levels (Auto-Tonwertkorrektur)* oder drücken Sie die Tastenkombination ⇧+Strg+L.

Das war's auch schon. Die Korrektur wurde vorgenommen und der Unterschied ist bereits deutlich zu erkennen.

Die Ergebnisse der *Auto-Tonwertkorrektur* sind beachtlich – selten aber schon befriedigend. Meistens führt es zu einer Aufhellung des Bildes – die Farben lassen aber immer noch zu wünschen übrig. Hier kann die *manuelle Tonwertkorrektur* aushelfen.

Bereits der Aufruf eines Menübefehls bessert die Wetterlage auf.

Tipp

Benutzen Sie die *Auto-Tonwertkorrektur*, um ein Referenzbild zu bekommen. Sie können so das Ursprungsbild und das automatisch korrigierte Bild mit der späteren manuellen Korrektur vergleichen. Manchmal ist die *Auto-Tonwertkorrektur* auch eine gute Ausgangslage für weitere Verbesserungen.

Die *manuelle Tonwertkorrektur*

Einfache manuelle Tonwertkorrektur

Den Dialog zur manuellen Tonwertkorrektur öffnen Sie *über Image (Bild) > Adjustments (Einstellen) > Levels (Tonwertkorrektur)* oder über die Tastenkombination [Strg]+[L].

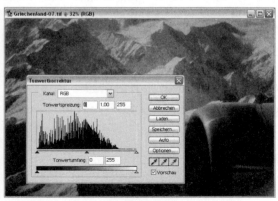

Der Dialog zur manuellen Tonwertkorrektur

3. Mit Photoshop arbeiten

Sie haben drei Möglichkeiten, in diesem Dialog die Tonwertkorrektur vorzunehmen:

◆ Über die direkte Eingabe von Werten
◆ Über Schieberegler unter der Grafik
◆ Über das Laden von gespeicherten Einstellungen (Schaltflächen *Load/Save* bzw. *Öffnen/Speichern*)

> **Hinweis**
>
> Über die Schaltfläche *Auto* können Sie übrigens die *Auto-Tonwertkorrektur* auch aus diesem Dialog erreichen. Klicken Sie einmal auf diese Schaltfläche und vergleichen Sie das Diagramm. Sie werden feststellen, dass die Tonwertspreizung nicht verändert ist, das Diagrammbild aber gröber in der Struktur geworden ist. Wiederrufen Sie anschließend über *Edit (Bearbeiten) > Undo (Wiederrufen)* diesen Vorgang.

Gehen Sie nun folgendermaßen vor:

1. Fassen Sie den rechten, äußeren Schieberegler unter dem Diagramm bei *Input Levels (Tonwertspreizung)* mit dem Mauszeiger und ziehen Sie ihn langsam nach links.
2. Wenn Sie das Gefühl haben, dass das Bild ausreichend heller geworden ist, geben Sie noch ein klein wenig hinzu und lassen los.
3. Fassen Sie nun den äußeren rechten Regler bei *Output Levels (Tonwertumfang)* und ziehen Sie das Bild langsam nach links.
4. Lassen Sie los, wenn Sie der Meinung sind, dass das Bild jetzt stimmig ist.

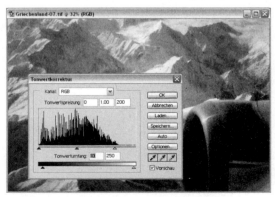

Manuell korrigierte Tonwerte sehen etwas besser aus.

Statt nach der Methode: „nur nach Gefühl und Augenmaß" können Sie auch überlegter vorgehen. Schieben Sie den linken und rechten Regler so an das Diagramm heran, dass das Spektrum eingegrenzt ist – also dorthin, wo die Kurve hochgeht (der linke Schieber), und dorthin, wo die Kurve wieder herunterkommt. Sie grenzen dadurch den Farbbereich ein.

Sie werden feststellen, dass das bereits mit wenigen, einfachen Handgriffen korrigierte Bild wärmer und klarer ist als bei der *automatischen Tonwertkorrektur*. Die Verringerung der Tonwertspreizung bringt in der Regel einen besseren Kontrast und eine ausgewogenere Helligkeitsverteilung. Kombiniert mit dem etwas reduziertem Tonwertumfang sieht das Ganze natürlicher aus als bei der *automatischen Tonwertkorrektur*.

Hinweis

Die Tonwertspreizung verstärkt den Kontrast mit zusätzlichen Pixeln, die Korrektur des Tonwertumfangs verringert den Kontrast im Bild.

Weitere Werkzeuge zur Tonwertkorrektur

Im vorangegangenen Beispiel wurde die Tonwertkorrektur generell auf alle Kanäle bezogen. Sie können aber für jeden einzelnen Kanal – *Rot (Red)*, *Grün (Green)* und *Blau (Blue)* – die Tonwerte einstellen. Öffnen Sie dazu die Liste bei *Channels (Kanäle)* und wählen den jeweiligen Kanal aus. Die Einstellungen beziehen sich dann immer nur auf den gewählten Kanal.

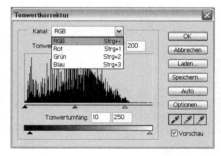

Korrektur: Kanal für Kanal

Sie können die Farben im Bild auch noch genauer bestimmen: es stehen dazu drei Pipetten zur Verfügung mit folgenden Bedeutungen:

◆ Linke Pipette: *Color Picker (Farbwähler)* für die Tiefen.
◆ Mittlere Pipette: *Color Picker* für die Mitteltöne.
◆ Rechte Pipette: *Color Picker* für die Lichter.

3. Mit Photoshop arbeiten

Doppelklicken Sie auf eine dieser Pipetten, wird der *Color Picker (Farbwähler)* sichtbar und Sie können durch Direkteingabe von Werten oder über die Schieberegler den Farbton korrigieren. Es macht in der Regel keinen Sinn, den roten Farbton in den blauen, grünen oder gelben Bereich zu ziehen – es sei denn, Sie wollen absichtlich das Bild verfremden. Meistens genügen geringe Korrekturen in den helleren oder dunkleren Bereich der Farbe, um den gewünschten Effekt zu erzielen.

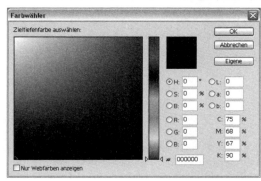

Der Farb-Picker im Einsatz

Tipp

Haben Sie eine gute Einstellung gefunden, so können Sie diese über *Save (Sichern)* abspeichern und später wieder – auch bei einem anderen Bild – laden (über die Schaltfläche *Load/Öffnen*). Wenn Sie dies generalisieren – etwa *Einstellungen für Schlechtwetterbild* etc. – können Sie sich u. U. viel Arbeit sparen.

Klicken Sie auf die Schaltfläche *Options*, erhalten Sie einen neuen Dialog. Hier können Sie die Algorithmen bestimmen. Außerdem lassen sich hier die bereits erwähnten Grenzwerte für Höhen und Tiefen anpassen (Standard: 0,5%). Geänderte und gespeicherte Grenzwerte werden dann auch bei der *Auto-Tonwertkorrektur* herangezogen.

Hinter Options *verbirgt sich ein weiterer, kleiner Tonwert-Werkzeugkasten.*

> **Tipp**
>
> Wenn Sie vor der Bildkorrektur neue Einstellungsebenen definieren, können Sie alle Änderungen und Anpassungen nach Belieben wieder zurücknehmen.

Tonwertkorrektur im Detail

Um herauszufinden, warum das Bild irgendwie verfälscht aussieht, steht das Histogramm zur Verfügung. Mit diesem Werkzeug können Sie sich die Farbverteilung im Bild anzeigen lassen. Sie können dabei zwischen dem *CMYK*- oder *RGB*-Modus wählen. Außerdem können Sie sich auch die einzelnen Farbkanäle anzeigen lassen und diese natürlich auch korrigieren.

Der RGB-Modus:

Bei diesem Farbensystem wird aus den Farben **R**ot, **G**rün und **B**lau Weiß erzeugt. Diese Farben werden auch Lichtfarben genannt. Nach diesem System funktioniert der Monitor, genauso wie das menschliche Auge (Goethe hatte dazu noch eine andere Meinung, die ebenfalls nicht unberechtigt ist; für unser Thema und die Darstellung auf dem Bildschirmmonitor spielt dieses Goethesche Farbmodell allerdings keine Rolle). Jeder Farbton wird dabei in diese drei Lichtfarben zerlegt. Auch Digitalkameras funktionieren nach diesem Prinzip. Der *RGB*-Modus hat eine höhere Qualität als der *CYMK*-Modus, da der Farbraum des *RGB*-Modus größer ist als der des *CYMK*-Modus.

Der CMYK-Modus:

Dieses Farbsystem funktioniert mit den drei Körperfarben **C**yan, **M**agenta und **Y**ellow. Außerdem wird beim Drucken noch Schwarz (**K**arbon) eingesetzt, da theoretisch die drei Farbtöne zusammen Schwarz ergeben müssten. Weil aber in der Praxis nur ein dunkler Braunton erreicht wird, wird beim Drucken zusätzlich Schwarz eingesetzt. Dieses System ist uns noch aus Grundschultagen vertraut, als man mit diesen „drei Grundfarben" verschiedene Farben mischen musste.

> **Hinweis**
>
> Wenn Sie ein Bild haben, das Sie nicht Ausdrucken möchten bzw. das Sie nur am Bildschirm zu betrachten gedenken, dann vermeiden Sie es, dieses Bild in den *CMYK*-Modus umzuwandeln. Mit der Umwandlung geht nämlich ein Qualitätsverlust einher. Das hängt damit zusammen, dass der *CMYK*-Farbraum nicht so umfangreich ist wie der *RGB*-Farbraum. Bei einem erneuten Umwandeln in den *RGB*-Modus ist das Wiederherstellen der sehr reinen Farbtöne, die im *CMYK*-Modus nicht dargestellt werden können, nicht ohne weiteres möglich. Dies können Sie wenn überhaupt nur durch Erhöhung der *Sättigung (Saturation)* erreichen. Die Umwandlung in den *CMYK*-Farbraum sollte also erst zur Druckvorbereitung erfolgen.

3. Mit Photoshop arbeiten

Um die *manuelle Tonwertkorrektur* vorzunehmen, gehen Sie so vor:

1. Öffnen Sie das Bild, das korrigiert werden soll.
2. Wählen Sie *Image (Bild) – Adjustments (Einstellen)*.
3. Klicken Sie auf *Levels (Tonwertkorrektur)*.

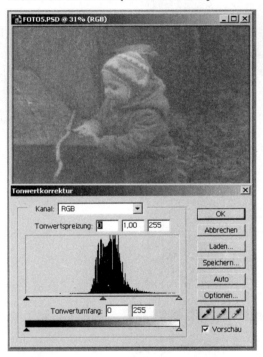

4. Korrigieren Sie den Tonwertumfang, indem Sie den mittleren Regler nach rechts oder links verschieben. Den Kontrast erhöhen Sie, indem Sie den rechten und den linken Regler an den Rand der ersten Pixelgruppe schieben.

Hinweis

Bei der Tonwertkorrektur erhöhen Sie den Kontrast, indem Sie den Helligkeitsbereich, der keine oder nur sehr wenige Pixel enthält, mit Hilfe der Regler entfernen. Die übrigen Pixel werden dann über den ganzen Helligkeitsbereich gestreckt oder es werden Pixel dazugerechnet, dadurch nimmt die Pixeldichte ab. Im Prinzip gilt: Je mehr Pixel Sie zur Verfügung haben, desto bessere Ergebnisse erzielen Sie bei der Bildbearbeitung. Achten Sie also beim Einscannen auf eine möglichst hohe Auflösung, da sich die Auflösung bei Bedarf später wieder reduzieren lässt.

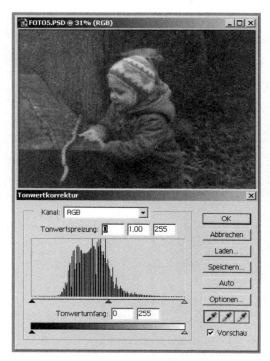

5. Bestätigen Sie mit *OK*.

Mit dem Histogramm arbeiten

Das Histogramm zeigt ihnen an, wie viele Pixel jedes einzelnen Helligkeitswertes des jeweiligen Farbkanals im Bild enthalten sind.

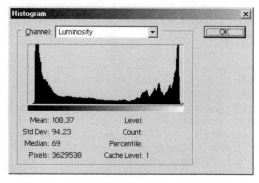

So sieht das Histogramm aus.

3. Mit Photoshop arbeiten

Anhand der senkrechten Achse können Sie die Anzahl der Bildpunkte ablesen. Die waagrechte Achse zeigt den Helligkeitswert der Bildpunkte an. Sind also ganz links keine Pixel vorhanden, so enthält das Bild zu wenige helle Bereiche, finden Sie ganz rechts keine Pixel, so sind entsprechend zu wenige dunkle Bereiche vorhanden. Je nach Modus, also *CMYK* oder *RGB*, können Sie anhand des Histogramms erkennen, von welchem Farbkanal zu viele bzw. zu wenige Farbpixel enthalten sind. Sie erkennen so, ob das Bild zum Beispiel zu gelblastig ist.

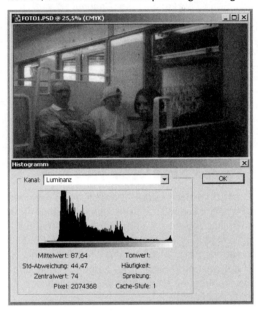

Das Histogramm bestätigt die Vermutung des zu hohen Gelbanteils in bestimmten Helligkeitsbereichen. Dies lässt das Bild insgesamt gelblastig erscheinen.

Bevor Sie das Histogramm zur Farbanalyse einsetzen können, müssen Sie jedoch erst den richtigen Farbmodus einstellen. Sie müssen sich also zuerst einmal darüber im Klaren sein, welche Farben dem Bild fehlen könnten bzw. welche Farben zu stark vertreten sind. Wenn, wie bei diesem Beispiel, der Gelbanteil zu hoch ist, nützt der *RGB*-Modus nicht viel. In diesem Modus gibt es nämlich nur die Farbkanäle für Rot, Grün und Blau. Besser geeignet ist dagegen der *CMYK*-Modus, hier stehen Ihnen die Kanäle Cyan, Magenta, Yellow und Black zur Verfügung.

Wie Sie das Histogramm richtig einsetzen, lesen Sie hier:
1. Öffnen Sie ein Bild oder ein Foto.
2. Stellen Sie den richtigen Modus ein. Beurteilen Sie dazu zunächst den Farbgehalt des Bildes. Entscheiden Sie sich dann für den *RGB-* oder den *CMYK-*Modus. Wählen Sie *Image (Bild)* > *Mode (Modus)* > *CMYK Color (CMYK-Farbkanal)*.
3. Wählen Sie im Histogramm den richtigen Farbkanal unter *Channel (Kanal)* aus. Ihnen wird nun die Farbverteilung in den einzelnen Helligkeitsbereichen dargestellt.

Hinweis

Wenn Sie eine Farbe beeinflussen wollen, die als Grundfarbe im *RGB-*Modus nicht zur Verfügung steht – etwa Gelb –, und Sie trotzdem nicht in den *CMYK-*Modus wechseln wollen, so können Sie selbstverständlich die Korrektur auch durch Mischen erreichen, denn schließlich werden alle Farben im RGB Modus aus den drei Grundfarben zusammengesetzt.

Gradationskurve zur Farbkorrektur nutzen

Die Gradationskurve ist ein Hilfsmittel, mit dem der gesamte Bereich des Tonwertes justiert werden kann. Dabei können Sie noch wesentlich tiefere manuelle Eingriffe in den Farbkanälen, am Kontrast, bei der Helligkeit und bei den Farbtönen vornehmen. Sie können praktisch jeden Punkt im Bild einzeln redigieren. Außerdem sehen Sie hier wie die einzelnen Veränderungen miteinander zusammenhängen. Wie wirkt sich z. B. die Veränderung der Helligkeit auf den Kontrast aus? Ansonsten können Sie die Gradationskurve dazu nutzen, aus dem Bild ein Negativ zu machen oder einfach nur interessante, kreative Variationen des Bildes zu erstellen.

Wie Sie die Gradationskurve nutzen, lesen Sie hier:
1. Öffnen Sie ein Bild, das mit Hilfe der Gradationskurve bearbeitet werden soll.
2. Wählen Sie aus *Image (Bild)* > *Adjustments (Einstellen)* > *Curves (Gradationskurve)*.
3. Fahren Sie mit dem Mauszeiger in das Koordinatenkreuz. Dieser wird dort zu einem Fadenkreuz.
4. Klicken Sie auf die Gerade im Koordinatensystem und verändern Sie diese, indem Sie bei gedrückter Maustaste das Fadenkreuz nach unten oder oben ziehen.

3. Mit Photoshop arbeiten

5. Ziehen Sie die Kurve nach unten, wird das Bild dunkler:

6. ziehen Sie dagegen die Kurve nach oben wird das Bild heller:

Deutlich ist die Helligkeitsänderung zu erkennen.

Negativ mit der Gradationskurve erstellen

Ein Negativ erstellen Sie mit der Gradationskurve folgendermaßen:

1. Öffnen Sie das Bild, das Sie als Negativ brauchen.
2. Wählen Sie *Image (Bild) > Adjustments (Einstellen) > Curves (Gradationskurve)*.
3. Klicken Sie in die Mitte der Gerade.
4. Verschieben Sie das obere Ende der Gerade nach rechts unten, indem Sie es bei gedrückter Maustaste nach unten ziehen.

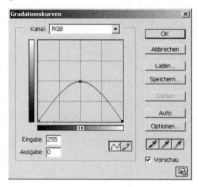

5. Verfahren Sie mit dem unteren Punkt der Gerade genauso, nur dass diese nach oben verschoben wird. Die Gerade sollte nun von links oben nach rechts unten verlaufen.

Mit wenigen Schritten zum Negativ: Hier zeigt sich die vielfältige Einsatzmöglichkeit der Gradationskurve.

Kreative Bildgestaltung mittels der Gradationskurve

Da sich beliebig viele Punkte in die Gerade bzw. Kurve einfügen lassen, die als Drehpunkte genutzt werden können, kann aus einem ganz normalen Bild ein interessantes Kunstwerk entstehen. Zum Beispiel durch folgende Vorgehensweise:

1. Öffnen Sie ein Bild, das Sie zu einem Kunstwerk verändern möchten.
2. Aktivieren Sie die Gradationskurve über *Image > Adjustments > Curves*.
3. Fügen Sie mehrere Punkte in die Kurve ein und verändern Sie diese nach Belieben.

4. Indem Sie auf den Button mit dem Stift klicken, können Sie auch eine Kurve komplett selbst zeichnen.

Klicken Sie auf den Bleistift (roter Kasten), um die Kurve freihändig zu zeichnen. Abstrakte Kunst mit Photoshop.

Ob aus einem Bild durch diese Technik letztendlich ein Kunstwerk entsteht oder nur ein interessant verfremdetes Objekt, hängt ganz von Ihrer Kreativität und Ihrer Fähigkeit ab, mit Photoshop umgehen zu können.

Farbwerte mit der Gradationskurve verändern

Natürlich können Sie auch die Farbkanäle einzeln einstellen und bearbeiten. Dazu gehen Sie folgendermaßen vor::

1. Öffnen Sie das Bild, dessen Farbkanäle verändert werden sollen.
2. Wählen Sie das Gradationswerkzeug über *Image > Adjustments > Curves*.
3. Stellen Sie den Farbkanal ein, den Sie bearbeiten möchten, z. B. *red (rot)*.

4. Verändern Sie die Kurve, bis das Bild den gewünschten Zustand hat.

3. Mit Photoshop arbeiten

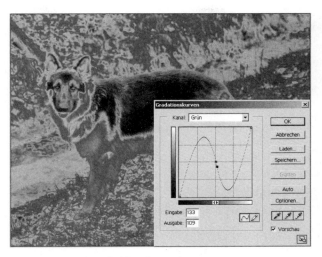

Hier wurde der grüne Farbkanal verändert.

Im *RGB*-Modus gibt es drei Farbkanäle, den roten, den grünen und den blauen. Wenn Sie jetzt in einem Farbkanal den Anteil der Farbe verringern, erhöht sich automatisch der Farbanteil einer anderen Farbe. Also weniger Rot hat einen türkisen Farbstich zur Folge. Weniger Grün bewirkt einen violetten Farbstich und weniger Blau färbt das Bild gelb ein.

Mit dem blauen Farbkanal lässt sich auch ein gelber Farbstich entfernen oder hinzufügen, da Gelb die Komplementärfarbe von Blau ist.

Ein Bild entfärben

Möchten Sie ein farbiges Bild zu einem Schwarzweisbild machen? Dies können Sie bequem über die Sättigung regeln.

Gehen Sie dazu so vor:

1. Öffnen Sie ein Bild.
2. Wählen Sie im Menü *Image (Bild)* und dann *Adjustments (Einstellen)*.
3. Klicken Sie auf *Hue/Saturation (Farbton/Sättigung)*.
4. Fahren Sie den Regler für *Saturation (Sättigung)* ganz nach links.

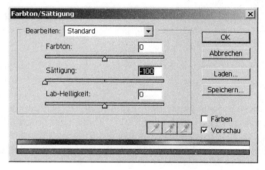

5. Mit dem Regler für *Lightness (Helligkeit)* können Sie zu dunkle Bilder korrigieren, genauso wie zu hell geratene Bilder.
6. Mit *OK* beenden Sie den Vorgang.

So sieht das fertige Ergebnis aus.

3. Mit Photoshop arbeiten 107

Teile eines Bildes entfärben

Die Technik des Entfärbens kann man auch gezielt einsetzen. Um bestimmte Objekte in einem Bild hervorzuheben, kann man diese entfärben bzw. den Bereich um dieses Objekt. Wenn also das Objekt selbst farbig bleibt, zieht dieser Trick die Aufmerksamkeit des Betrachters sofort auf den entsprechend behandelten Teil im Bild.

Wie Sie nur einen Teil des Bildes entfärben, wird im Folgenden dargestellt:

1. Öffnen Sie über *File (Datei)* > *Open (Öffnen)* ein Bild.
2. Wählen Sie eines der Auswahl-Werkzeuge aus. Zum Beispiel das *Polygon-Lasso*, da sich dieses besonders in kontrastreichen Bildern eignet, um Objekte auszuwählen.
3. Vergrößern Sie es mit der Lupe wenn nötig, um die Konturen besser abfahren zu können.
4. Wählen Sie das gewünschte Objekt aus.

5. Unter *Select (Auswahl)* stellen Sie nun *inverse (Auswahl umkehren)* ein.
6. Rufen Sie nun unter *Image (Bild)* > *Adjustments (Einstellen)* die Funktion *Hue/Saturation* auf.
7. Stellen Sie den Regler bei *Saturation* ganz nach links, um das Bild zu entfärben. Nun sollte nur noch das ausgewählte Objekt farbig sein.

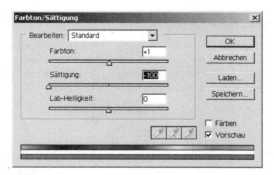

> **Tipp**
>
> Machen Sie einen Haken in das Kästchen vor *Preview (Vorschau)*, dann können Sie alle Änderungen direkt im Bild verfolgen.

8. Beenden Sie den Vorgang, indem Sie auf *OK* klicken.

9. Die gestrichelte Auswahlmarkierung werden Sie wieder los, indem Sie mit einem Auswahlwerkzeug irgendwo ins Bild klicken. Alternativ können Sie die Auswahlmarkierung auch entfernen, wenn Sie *Select (Auswahl) > Deselect (Auswahl umkehren)* wählen.

Der Hund wird deutlich hervorgehoben, da der Hintergrund entfärbt ist.

Farbanteile korrigieren

Auf manchen Fotos ist oft ein Farbstich zu erkennen. Das liegt meist daran, dass irgendeine Farbe so häufig vertreten ist, wodurch diese praktisch auf den Rest des Bildes abfärbt und so einen Farbstich erzeugt. Dieser kann in Photoshop mit der Farbbalance wieder ausgeglichen werden.

Die Farben korrigieren Sie wie folgt:

1. Öffnen Sie ein Bild, dessen Farbverteilung unausgeglichen wirkt bzw. bei dem eine Farbe zu stark vertreten scheint.

2. Wählen Sie *Image (Bild) > Adjustments (Einstellen)*.

3. Hier finden Sie die Funktion *Color Balance (Farbbalance)*. Damit können Sie mit drei Reglern die Anteile der Farben einstellen. Mit dem obersten Regler können Sie die Farben *Cyan* und *Rot (Red)* regeln. Schieben Sie den Regler mehr nach rechts, so erhöht sich der Anteil der roten Pixel im Bild. Schieben Sie ihn stattdessen nach links, erhöhen Sie dabei die Anzahl der Cyan farbenen Pixel. Standardmäßig ist die Funktion für *Midtones (Mitteltöne)* eingestellt. Für *Highlights (Lichter)* und *Shadows (Tiefen)* kann die Farbbalance eingestellt werden, indem Sie auf die dafür vorgesehenen Schaltflächen klicken.

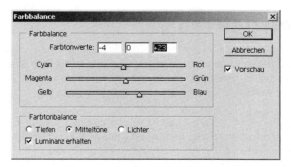

4. Den Vorgang beenden Sie, indem Sie mit *OK* bestätigen.

Tipp

Sie können jetzt noch weitere Verbesserungen mit den anderen Funktionen vornehmen, die Photoshop zu diesem Zweck zur Verfügung stellt, z. B. mit der Gradationskurve.

Nach der Farbkorrektur ist eine deutliche Verbesserung feststellbar. Auch der Gelbstich ist fast nahezu entfernt.

Filter

Filter braucht man nicht nur zum Kaffeekochen oder Fotografieren. Auch in Photoshop gibt es jede Menge Filter. Diese sind nicht nur zum Verbessern und Retuschieren von Bildern geeignet, sondern auch zum Erstellen interessanter Grafiken. Im folgenden Kapitelabschnitt werden einige interessante Filter und dazu noch einige Anwendungsvorschläge vorgestellt.

3. Mit Photoshop arbeiten   111

Ein Hintergrundmuster mit Hilfe von Filtern erstellen

Um die interessantesten Effekte mit Filtern zu erzielen, kann man die verschiedenen Filter miteinander kombinieren.

Wie das geht, lesen Sie in der folgenden Schritt-für-Schritt-Anleitung:

1. Öffnen Sie ein neues leeres Blatt über *File (Datei)* > *New (Neu)*.
2. Geben Sie unter *Width (Breite)* und *Height (Höhe)* jeweils *350* Pixel ein. Als *Resolution (Auflösung)* wählen Sie *72* dpi.
3. Wählen Sie dann in der Werkzeugleiste zwei verschiedene Farben für Vorder- und Hintergrund aus. Dazu klicken Sie zunächst auf das Symbol *Set foreground color (Vordergrundfarbe einstellen)*.
4. In der nun erscheinenden Dialogbox wählen Sie ein dunkles Blau aus.
5. Bestätigen Sie dann mit *OK*.
6. Für die Hintergrundfarbe verfahren Sie ebenso, nur dass Sie diesmal auf das Symbol *Set background color (Hintergrundfarbe einstellen)* klicken. Wählen Sie hier *Weiß* aus.
7. Bestätigen Sie dann ebenfalls mit *OK*.

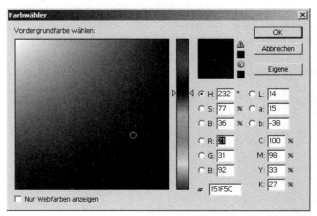

8. Aktivieren Sie nun in der Werkzeugleiste das Verlaufswerkzeug, indem Sie auf das dazugehörige Symbol *Gradient Tool* klicken.
9. Klicken Sie anschließend links oben in das noch leere Blatt und ziehen Sie bei gedrückter Maustaste den Mauszeiger nach rechts unten. Sie erhalten dadurch einen Farbverlauf von Dunkelblau in der linken oberen Ecke bis ins Weiß rechts unten.

10. Erstellen Sie nun eine neue Ebene. Dazu wählen Sie *Layer (Ebene)* > *New (Neu)* > *Layer (Ebene)* oder drücken die Tastenkombination ⇧+Strg+N.

Hinweis

Falls die *Ebenen-Palette* noch nicht geöffnet ist, öffnen Sie diese über *Window (Fenster)* > *Layers (Ebenen-Palette)*. Stellen Sie die Deckkraft unter *Opacity* auf 70% ein. Dadurch ist sichergestellt, dass der Farbverlauf auch nach Einsatz der Filter zum Effekt beiträgt.

11. Um den Farbverlauf nun etwas aufzulockern, eignet sich der Filter *Wolken* sehr gut. Diesen finden Sie unter *Filter* > *Render (Renderingfilter)* > *Clouds (Wolken)*.

12. Um die Wirkung noch etwas zu verstärken, wählen Sie *Image (Bild)* > *Adjustments (Einstellen)* > *Brightness/Contrast (Helligkeit/Kontrast)*. Regeln Sie die Helligkeit etwas herunter und erhöhen Sie den Kontrast, bis die Farbverläufe gerade noch nicht abgestuft erscheinen.

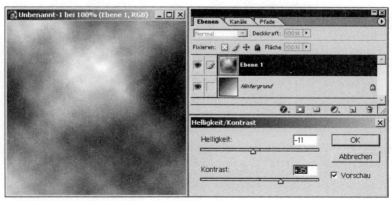

3. Mit Photoshop arbeiten

13. Nun kommt der Filter zum Einsatz, der den eigentlichen Effekt bewirkt. Wählen Sie aus dem Menü *Filter > Distort (Verzerrungsfilter) > Glass (Glas)*.

14. In der Dialogbox stellen Sie die *Distortion (Verzerrung)* auf den Wert *8* und *Smoothness (Glättung)* stellen Sie auf *3*. Als *Texture (Struktur)* nehmen Sie *Frosted (Riffelglas)*. Die *Scaling (Skalierung)* regeln Sie auf *120%*. Die Funktion *Invert (Umkehrung)* ist deaktiviert.

15. Bestätigen Sie diese Einstellungen mit *OK*.

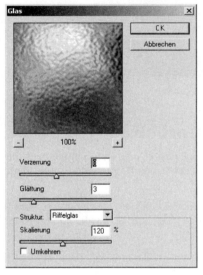

16. Reduzieren Sie nun alle Ebenen auf die Hintergrundebene. Dazu wählen Sie aus dem Menü *Layer (Ebene)* die Funktion *Flatten Image (Auf Hintergrundebene reduzieren)*.

17. Nun muss das erstellte Bild nur noch als Muster definiert werden. Rufen Sie im Menü *Edit (Bearbeiten)* die Funktion *Define Pattern (Muster festlegen)* auf.

18. Geben Sie in das Textfeld einen Namen für das Muster ein und bestätigen Sie mit *OK*. Das Muster wird jetzt abgespeichert und kann beispielsweise mit den Ebeneneffekten eingesetzt werden.

Hier wurde das Muster für den Hintergrund eingesetzt.

Mit Beleuchtungsfiltern arbeiten

Besonders bei der Gestaltung von Homepages kann man mit Lichteffekten interessante Resultate erzielen, um die Aufmerksamkeit des Betrachters in eine ganz bestimmte Richtung zu lenken.

Wie Sie mit dem Beleuchtungsfilter Schaltflächen erstellen, die garantiert nicht übersehen werden, erfahren Sie, indem Sie die folgende Schritt-für-Schritt-Anleitung durcharbeiten:

1. Erstellen Sie ein leeres Blatt mit transparentem Hintergrund. Dazu wählen Sie im Menü *File (Datei) > New (Neu)* aus.

2. In der Dialogbox geben Sie als Größe bei *Width (Breite) 250* Pixel und bei *Height (Höhe) 167* Pixel ein. Im Bereich *Inhalt* aktivieren Sie *Transparent*.

3. Bestätigen Sie diese Einstellungen dann mit *OK*.

4. Aktivieren Sie in der Werkzeugleiste das Werkzeug *Elliptical Marquee Tool (Auswahlellipse)*. Diese erreichen Sie, wenn Sie mit der rechten Maustaste auf das Symbol *Rectangular Marquee Tool* *(Auswahlrechteck)* klicken.

5. Wählen Sie anschließend mit diesem Werkzeug einen elliptischen Bereich im leeren Bild aus.

Tipp

Wenn Sie mit so kleinen Bildern arbeiten, ist es hilfreich, diese zu vergrößern. In diesem Beispiel wurde das Bild auf 300% vergrößert. Die Vergrößerungsrate können Sie in der Statusleiste eingeben. Falls die Leiste nicht aktiv ist, finden Sie diese im Menü *Window (Fenster)* als *Status Bar (Status Leiste)*.

3. Mit Photoshop arbeiten

6. Stellen Sie als Vordergrundfarbe ein kräftiges Blau ein. Dies machen Sie, indem Sie in der Werkzeugleiste auf die Schaltfläche *Set foreground color (Vordergrundfarbe einstellen)* klicken.
7. Wählen Sie dann aus der Farbtafel die entsprechende Farbe und klicken Sie auf *OK*.
8. Rufen Sie jetzt in der Werkzeugleiste das Werkzeug *Paint Bucket Tool (Füllwerkzeug)* auf. Das geht am besten über die Taste G.
9. Klicken Sie dann mit dem Füllwerkzeug in den Auswahlbereich, um diesen blau einzufärben.

10. Versehen Sie die Schaltfläche nun mit einer Struktur. Dazu wählen Sie aus dem Menü *Filter > Texture (Strukturierungsfilter) > Texturizer (Mit Struktur versehen)* aus.
11. In der Dialogbox stellen Sie nun folgende Optionen ein: Als *Texture (Struktur)* wählen Sie *Burlap (Sackleinen)*. Die *Scaling (Skalierung)* wird auf *115%* eingestellt und der Wert von *Relief* auf *12*. Als *Light Direction (Lichtposition)* kommt *Top (Oben)* zur Anwendung.
12. Als zweiter Filter kommt nun der Weichzeichnungsfilter zum Einsatz, um die Struktur noch etwas zu verwischen. Wählen Sie dazu *Filter > Blur (Weichzeichnungsfilter) > Blur More (Stark Weichzeichnen)*.

13. Um den Nutzern der Homepage den Sinn der Schaltfläche zu verdeutlichen, muss diese natürlich beschriftet sein. Hierzu wählen Sie aus der Werkzeugleiste das Textwerkzeug. Dieses können Sie auch über die Taste T aufrufen.

14. Klicken Sie damit in die Schaltfläche.

15. Suchen Sie sich nun in der Optionsleiste eine Schriftart aus und stellen Sie die Schriftgröße auf *36* pt ein. Als Vordergrundfarbe haben Sie vorher *Gelb* gewählt.

16. Schreiben Sie das Wort *Start* in die Schaltfläche. Falls dieses nicht mittig sitzt, können Sie es nun verschieben, indem Sie das Verschiebewerkzeug auswählen und bei gedrückter Maustaste den Text an die richtige Stelle ziehen.

17. Den Beleuchtungsfilter finden Sie unter *Filter > Render (Renderingfilter) > Lighting Effects (Beleuchtungseffekte)*.

> **Tipp**
>
> Achten Sie darauf, dass Sie vorher die Hintergrundebene markiert haben, da sonst der Text anstatt der Schaltfläche beleuchtet wird. Im linken Teil der Dialogbox sehen Sie die Schaltfläche mit einer Ellipse, die einige Knotenpunkte und einen Mittelpunkt hat. Von einem der Kontenpunkte geht eine Linie zum Mittelpunkt. Dies ist die Richtung, aus der die Lichtquelle kommt, und zwar von außen nach innen. Indem Sie die Kontenpunkte bei gedrückter Maustaste verschieben, erreichen Sie verschiedene Beleuchtungseffekte. Man braucht etwas Übung, um mit diesem Effektfilter zurechtzukommen. Experimentieren Sie ruhig etwas herum.

18. Wenn die Beleuchtung zu ihrer Zufriedenheit ausgefallen ist, klicken Sie auf *OK*.

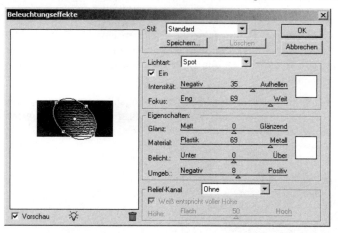

19. Um der Schaltfläche optisch noch etwas räumliche Tiefe zu verleihen, können Sie nun noch einen Ebeneneffekt hinzufügen. Dazu markieren Sie die Ebene in der Ebenen-Palette und klicken diese mit der rechten Maustaste an.

20. Dann wählen Sie aus dem Kontext-Menü *Blending Options (Fülloptionen)*.

21. Markieren Sie in der Dialogbox *Bevel and Emboss (Kanten und Relief)* und aktivieren Sie diese Funktion, indem Sie einen Haken in das Kästchen davor machen.

3. Mit Photoshop arbeiten 117

22. Im Bereich *Struktur* stellen Sie unter *Style (Stil)* > *inner Bevel (innere Kanten)* ein. Unter *Technique (Technik)* wählen Sie *Chisel Soft (Weich Meißeln)*. Mit den Reglern können Sie Farbtiefe, Größe und den Grad der Weichzeichnung ändern.
23. Sind diese Einstellungen erledigt, dann bestätigen Sie mit *OK*.

Die fertige Schaltfläche

Filter teilweise zurücknehmen

Sie haben zuviel des Guten getan und wissen vor lauter Filtern nicht mehr, wo das Originalbild geblieben ist? Photoshop hat in der Werkzeugleiste ein Pinselwerkzeug, mit dem man die Filter teilweise zurücknehmen kann, sodass das Originalbild wieder zum Vorschein kommt. Mit diesem Werkzeug lassen sich außerdem interessante Effekte erzielen, die besonders dazu geeignet sind, einzelne Objekte hervorzuheben.

Wie Sie dieses Werkzeug richtig anwenden, erfahren Sie hier:

1. Öffnen Sie ein Bild, das Sie bearbeiten möchten.

2. Um das Bild mit einem interessanten Effekt zu versehen, wählen Sie aus dem Menü *Filter > Sketch (Zeichenfilter) > Photocopy (Fotokopie)*.

3. Stellen Sie mit den Reglern die Details und das Farbverhältnis an. Für das Beispielbild wurde für *Details* der Wert *10* und für *Darkness (Farbverhältnis) 30* gewählt.

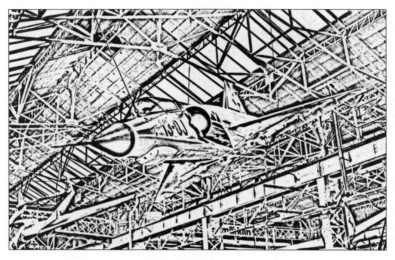

4. Um jetzt ein Objekt wieder vom Filter zu befreien, benötigen Sie den *History Brush Tool (Protokoll-Pinsel)*. Diesen finden Sie in der Werkzeugleiste gleich unter dem Symbol für den Malpinsel. Besonders schnell aufrufen können Sie ihn mit der Taste Y.

5. Fahren Sie das Objekt, das Sie von der Filterung zurücknehmen wollen, mit dem Protokoll-Pinsel bei gedrückter Maustaste ab. Wenn Sie einen größeren oder kleineren Pinsel benötigen, um schneller oder genauer arbeiten zu können, dann klicken Sie mit der rechten Maustaste irgendwo auf das Bild. In der Dialogbox, die dann erscheint, können Sie mit dem Regler die Pinselgröße einstellen. Außerdem können Sie verschiedene Pinselformen aussuchen. Entfernen Sie die Filterung von dem Objekt Ihrer Begierde.

3. Mit Photoshop arbeiten   119

Das Jagdflugzeug wurde komplett von der Filterung befreit.

Filter mit metallischem Effekt – der Chromfilter

Metallischer Glanz hat eine ganz besondere Wirkung auf den Betrachter. Besonders in der heutigen Zeit sind immer mehr auf Hochglanz polierte Metallflächen zu sehen, sei es in Form von verchromten Fensterleisten am Auto oder großen Edelstahlflächen in den Küchengeräten. Metallischer Glanz kann auch Ihren Internetauftritt entsprechend aufwerten. Diesen Glanz jedoch zu erzeugen, ist normalerweise nicht besonders einfach. Nicht so mit Photoshop. Das Programm hält einen Filter bereit, der das Erzeugen von Chromeffekten zum Kinderspiel macht.

Wie Sie sich am besten metallisch kühl präsentieren, lesen Sie in der folgenden Schritt-für-Schritt-Anleitung zur Nutzung des Chromfilters:

1. Öffnen Sie ein neues Bild mit 500 Pixel für die Breite und 300 Pixel für die Höhe. Diese Einstellungen können Sie vornehmen, wenn Sie die Tastenkombination [Strg]+[N] drücken oder einfach *File (Datei) > New (Neu)* wählen.

2. Wählen Sie am besten einen weißen Hintergrund. Klicken Sie dann auf *OK*.

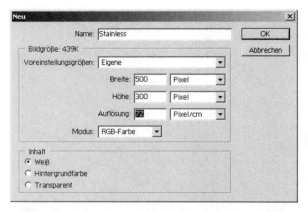

3. Wählen Sie als Vordergrundfarbe Schwarz und als Hintergrundfarbe Weiß.
4. Aktivieren Sie nun das Verlaufswerkzeug mit der Taste G.
5. Erstellen Sie damit einen Farbverlauf von links oben nach rechts unten, indem Sie mit gedrückter Maustaste eine Gerade diagonal über das noch leere Dokument ziehen.
6. Ändern Sie jetzt die Vordergrundfarbe. Weiß wäre Ideal.
7. Wählen Sie anschließend das *Brush Tool (Pinselwerkzeug)* mit der Taste B aus.
8. Zeichnen Sie dann einige blitzartige Striche von links unten nach rechts oben.

9. Nun kommt der erste Filter zum Einsatz. Rufen Sie die Dialogbox des Filters Verbiegen über *Filter > Distort (Verzerrungsfilter) > Shear (Verbiegen)* auf.
10. Setzen Sie dann einige Knotenpunkte auf die Gerade. Jetzt können Sie die Gerade mit Hilfe dieser Knotenpunkte verbiegen.
11. Klicken Sie dann abschließend auf *OK.*

3. Mit Photoshop arbeiten

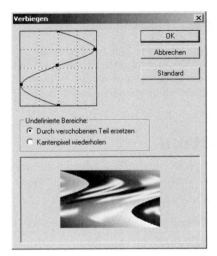

12. Wählen Sie dann im Menü *Filter* über *Blur (Weichzeichnungsfilter)* den Filter *Gaussian Blur (Gausscher Weichzeichner)*.
13. Stellen Sie in der Dialogbox einen Radius von *3* mit dem Regler ein.
14. Bestätigen Sie die Eingaben mit *OK*.
15. Nun benutzen wir den Chromfilter. Wählen Sie dazu den Filter über *Filter > Sketch (Zeichenfilter) > Chrome (Chrom)* aus.
16. Stellen Sie dann für die *Details* einen Wert um *5* ein und für *Smoothness (Glättung)* einen Wert um *9*.
17. Bestätigen Sie auch hier wieder mit *OK*.

Eine im Chromglanz blinkende Fläche, gut geeignet als Hintergrund

Mit Schriften arbeiten

Wer mit Photoshop Schaltflächen oder andere grafische Kunstwerke für das Internet oder Homepage Design erstellt, kommt in der Regel nicht daran vorbei, auch mit Text und Schriften in Photoshop zu arbeiten. In der Einführung in *Kapitel 2: Photoshop installieren, einrichten und kennen lernen* wurde ja schon gezeigt, wie Schriften in Fotos integriert werden können.

Das Textwerkzeug benutzen

In der Werkzeugleiste ist auch ein Werkzeug zum Erstellen von Texten untergebracht. Sie können es schnell aufrufen, indem Sie praktischerweise die Taste [T] drücken.

Um in einem Bild etwas Text unterzubringen, gehen Sie so vor:

1. Öffnen Sie ein Bild, das Sie mit einem Text versehen wollen.
2. Aktivieren Sie das *Horizontal Type Tool (Horizontales Textwerkzeug)* in der Werkzeugleiste.
3. Wählen Sie in der Optionsleiste eine Schriftart aus. Stellen Sie die Schriftgröße ein, Beispielsweise auf *72* Punkte (pt). Falls die Optionsleiste nicht geöffnet ist, können Sie diese über *Window (Fenster) > Options (Optionen)* aufrufen.
4. Legen Sie fest, ob der Text rechtsbündig, linksbündig oder mittig angeordnet werden soll. In unserem Beispiel ist er mittig angeordnet. Die Schaltflächen für diese Einstellungen befinden sich ebenfalls in der Optionsleiste und ähneln stark denen von den bekannten Office-Programmen.
5. Klicken Sie mit dem Mauszeiger in das Bild. Dort erscheint dann ein Cursor.
6. Geben Sie Ihren Text ein. Wenn der Text nun nicht an der Stelle ist, an der Sie ihn haben wollten, dann können Sie ihn anschließend mit dem Verschiebewerkzeug, das Sie mit der Taste [V] aufrufen können, an seinen Bestimmungsplatz verschieben.

3. Mit Photoshop arbeiten

7. Um dem Text mehr Tiefe zu geben, kann er mit einigen Effekten bearbeitet werden. Markieren Sie dazu in der Ebenen-Palette die Text-Ebene.
8. Klicken Sie dann auf die Schaltfläche *Fülloptionen*. Hier können Sie dem Text zum Beispiel einen Schatten beifügen, dessen Entfernung Sie ebenfalls einstellen können. Außerdem können Sie hier Kanten erstellen und die Farbe des Textes ändern. Experimentieren Sie ein bisschen mit den verschiedenen Einstelloptionen herum.
9. Bestätigen Sie abschließend Ihre Einstellungen mit *OK*.

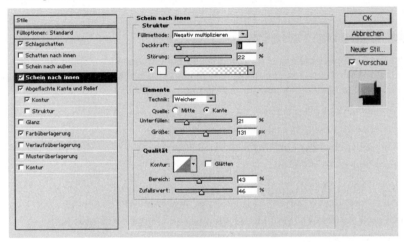

> **Hinweis**
>
> Wenn ein Text in ein Bild eingefügt wird, erstellt Photoshop automatisch eine neue Ebene, die ausschließlich den Text enthält.

So könnte der Text mit Effekten versehen werden.

Sie finden an anderen Stellen in diesem Buch noch Hinweise und Hilfestellung, wie Sie mit dem Textwerkzeug umgehen können.

Mit Ebenen arbeiten

Die Möglichkeit, bei der Bildgestaltung mit Ebenen arbeiten zu können, die sich einzeln verändern lassen, ist ein großer Vorteil gegenüber anderen Bildbearbeitungsprogrammen. Besonders beim Webdesign und bei der Erstellung von Collagen oder Fotomontagen ist dies ein großer Vorteil. Diese Arbeiten werden damit quasi zum Kinderspiel.

Die Ebenen-Palette benutzen

Wer eine Collage erstellt und dazu mehrere Ebenen verwendet, sollte bei der Arbeit die Ebenen-Palette nutzen, um nicht den Überblick zu verlieren. Mit diesem Werkzeug stehen Ihnen einige Funktionen zur Verfügung:

- Übersicht über alle Ebenen
- Löschen von Ebenen, Erstellung neuer Ebenen
- Ebenen ausblenden und Intensität einstellen
- Ebenenmasken erstellen
- Ebenen gruppieren
- Alle verwendeten Ebenen zu einer Hintergrundebene reduzieren
- Ebenen sperren, um Veränderungen an diesen Ebenen zu verhindern

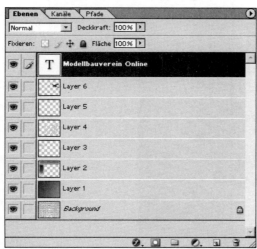

So sieht die Ebenen-Palette im Gebrauch aus.

Die Ebenen-Palette öffnen

Die Ebenen-Palette ist nicht immer geöffnet. Sie finden sie im Menü unter *Window (Fenster)* > *Layer (Ebenen)*. Falls diese dennoch geöffnet ist, erkennt man das an dem schwarzen Häkchen vor *Layer*. Sie befindet sich dann wahrscheinlich unter einer anderen Registerkarte. Die Ebenen-Palette teilt sich nämlich ein Fenster mit den Paletten für *Paths (Pfade)* und *Channels (Kanal)*. Klicken Sie dann einfach auf *Layers*, um die Ebenen-Palette in den Vordergrund zu rücken.

Die einzelnen Funktionen der Ebenen-Palette

Links oben in der Palette finden Sie ein Menü, in dem Sie verschiedene Füllmethoden eingeben können. Dazu klicken Sie auf den nach unten gerichteten Pfeil. Wählen Sie dann eine der Füllmethoden aus. Standardmäßig ist die Füllmethode *Normal* eingestellt. Experimentieren Sie etwas mit den verschiedenen Füllmethoden, um die Auswirkungen kennen zu lernen. Um zum Ausgangszustand zurückzukehren, stellen Sie einfach wieder die Füllmethode *Normal* ein. Direkt daneben können Sie die Intensität der *Deckkraft (Opacity)* einstellen. Wenn Sie auf den Pfeil neben dem Textfeld klicken, erscheint ein Regler, der das Einstellen der Deckkraft wesentlich erleichtert. Während Sie die Deckkraft ändern, können Sie die Auswirkungen direkt an der bearbeiteten Ebene erkennen.

Die erste Funktionszeile der Ebenen-Palette

In der Zeile darunter können Sie Einstellungen zum Fixieren der Ebenen vornehmen. Indem Sie das erste Kontrollkästchen aktivieren, werden alle transparenten Pixel fixiert (*Lock transparent Pixels*). Somit können keine Veränderungen an den transparenten Pixeln in dieser Ebene vorgenommen werden. Gekennzeichnet wird dieser Zustand mit einem unausgefüllten Vorhängeschloss.

Wenn Sie die Funktion *Bildpixel fixieren (Lock image Pixel)* aktivieren, können Sie in dieser Ebene keine Pixel mehr bearbeiten. Dies merken Sie auch daran, dass der Mauszeiger zu einem Verbotszeichen wird, wenn Sie ihn auf das Bild ziehen. Die Schaltfläche zu dieser Funktion befindet sich gleich neben der Schaltfläche zum Fixieren transparenter Pixel. Auch diese Funktion wird durch ein unausgefülltes Vorhängeschloss gekennzeichnet, sobald Sie aktiviert worden ist.

Daneben befindet sich die Funktionsschaltfläche (*Lock position*), um die Position zu fixieren. Nach Aktivierung können dann die einzelnen Elemente in der Ebene nicht mehr verschoben werden. Gekennzeichnet wird dies wiederum mit einem unausgefüllten Vorhängeschloss.

Um alles in einer Ebene zu fixieren, klicken Sie auf die Schaltfläche mit dem schwarzen Vorhängeschloss. Danach können dann keine Veränderungen in der entsprechenden Ebene mehr vorgenommen werden. Gekennzeichnet wird dies mit einem schwarzen Vorhängeschloss.

Die Fixier-Zeile der Ebenen-Palette

Ebenen ein- und ausblenden

Jede Ebene wird mit einem kleinen Bild dargestellt. Neben diesem Vorschaubild steht der Name für die Ebene. Wird eine Ebene bearbeitet, ist diese in der Ebenen-Palette markiert.

Ausgewählte Ebenen sind markiert.

Links neben dem Bild, auf dem die Inhalte der Ebene abgebildet sind, befinden sich zwei Kästchen. Im Linken befindet sich ein Auge. Dies zeigt an, dass die Ebene eingeblendet ist. Um die Ebene auszublenden, etwa um einen besseren Überblick beim Bearbeiten einzelner Ebenen zu bekommen, klicken Sie einfach auf dieses Auge, das dann verschwindet – mitsamt der Ebene. Erneutes Anklicken holt das Auge – und die Ebene – wieder hervor.

Eingeblendete Ebenen sind mit einem Auge gekennzeichnet.

Ebenen, die bearbeitet werden bzw. bearbeitet werden können, da Sie nicht fixiert sind, sind durch einen Pinsel im zweiten Kästchen gekennzeichnet. Dieser wird genauso aus- und eingeblendet wie das Auge.

Ausgeblendete Ebenen stören beim Bearbeiten anderer Ebenen nicht.

Ebenenbezeichnung ändern

Die Ebenenbezeichnung ist Standardmäßig immer als *Layer 1, 2, 3* ... bzw. als *Ebene 1, 2, 3* ... bezeichnet und die Hintergrundebene als *Background (Hintergrund)*. Wenn Ihnen diese Bezeichnung zu unübersichtlich oder zu langweilig ist, können Sie diese auch umbenennen.

Dazu gehen Sie so vor:

1. Öffnen Sie ein Bild mit mehreren Ebenen.

2. Wählen Sie die Ebene, die Sie Umbenennen wollen, mit einem Doppelklick in der Ebenen-Palette aus. Jetzt erscheint in der markierten Ebenen-Spalte ein Textfeld. Hier können Sie jetzt einen neuen Namen für die Ebene eingeben.

3. Geben Sie einen neuen Namen für die Ebene ein ...

4. ... und bestätigen Sie mit ⏎.

Ebenen-Effekte hinzufügen

Ganz unten befindet sich in der Palette eine kleine Schaltfläche, über die besondere Fülloptionen für die einzelnen Ebenen hinzugefügt werden können. Sobald man auf diese Schaltfläche klickt, öffnet sich ein Popup-Menü, aus dem verschiedene Ebeneneffekte ausgewählt werden können.

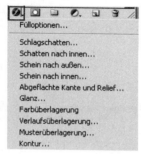

Das Popup-Menü der Ebenenfunktionen in der Ebenen-Palette

Einstellungen zu den Effekten vornehmen

Für die Funktionen wie Schlagschatten, Schatten nach innen, Schein nach außen, Glanz und andere können spezielle Einstellungen vorgenommen werden, um so den Anforderungen beim Webdesign gerecht zu werden.

Um die Einstellungen vorzunehmen, gehen Sie so vor:

1. Öffnen Sie ein Bild mit mehreren Ebenen.
2. Wählen Sie eine Ebene aus, die einen Effekt erhalten soll. Klicken Sie dazu in der Ebenen-Palette auf die entsprechende Ebene, sodass diese markiert ist.

3. Mit Photoshop arbeiten

3. Klicken Sie dann auf die Schaltfläche für die Ebenen-Effekte.
4. Wählen Sie nun die Option *Blending Options (Fülloptionen)*. Daraufhin öffnet sich ein großes Einstellungsfenster.

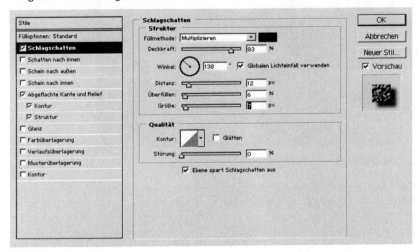

5. Im rechten Bereich finden Sie alle Ebenen-Effekte mit einem Kontrollkästchen davor. Klicken Sie in eines der Kontrollkästchen, erscheint darin ein Haken. Infolgedessen wird der Effekt aktiviert und Sie können in Ihrem Bild direkt die Veränderung beobachten. Im rechten Teil befinden sich zu den einzelnen Effekten verschiedene Einstellmöglichkeiten. Die meisten regeln die Intensität oder die Ausrichtung des Effektes. Beim Effekt *Drop Shadow (Schlagschatten)* beispielsweise können Sie die Deckkraft, den Winkel aus dem die Lichtquelle kommt, die Entfernung, die Streuung und die Größe regeln. Außerdem können Sie auch die Schärfe des Effektes einstellen. Um mit den Einstellmöglichkeiten und den einzelnen Effekten vertraut zu werden, experimentieren Sie am besten etwas damit herum.
6. Sobald Sie alle Effekte soweit eingestellt haben, wie Sie sich das in etwa vorgestellt haben, bestätigen Sie mit *OK*.

Die Effekte könnten dann z. B. so eingesetzt werden.

In der Ebenen-Palette sind die einzelnen Effekte auch verzeichnet. Diese können Sie genauso wie die einzelnen Ebenen ein- und ausblenden. Dazu klicken Sie einfach in das Kästchen mit dem Auge, um es auszublenden, bzw. in das linke freie Kästchen, um den Effekt wieder einzublenden. Eingeblendete Effekte sind mit einem Augensymbol gekennzeichnet. Um einzelne Effekte bearbeiten zu können, genügt ein Doppelklick auf die entsprechende Zeile, in der der Effekt verzeichnet ist. Infolgedessen öffnet sich das *Fülloptionen*-Menü.

Die Effekte sind ebenfalls in der Ebenen-Palette verzeichnet.

3. Mit Photoshop arbeiten

> **Hinweis**
>
> Bildern, die im Modus *Indexed Color (Indizierte Farben)* bearbeitet werden, stehen nicht alle Funktionen der Ebenen-Palette zur Verfügung.

Neue Füll- oder Einstellungsebenen erstellen

Unten in der Funktionsleiste der Ebenen-Palette befindet sich die Schaltfläche *Create new fill or adjustment layer (Neue Füll- oder Einstellungsebene erstellen)*. Nach dem Anklicken öffnet sich ein Popup-Menü mit einer Reihe von Funktionen für Füllebenen, und um Einstellungen an den Ebenen vornehmen zu können. Mit Hilfe dieser Einstellungsmöglichkeiten können Sie auch nachträglich noch jede Menge Veränderungen vornehmen. Um die einzelnen Funktionen nutzen zu können, muss die entsprechende Ebene markiert sein.

Die Funktionsleiste mit der Schaltfläche Neue Füll- oder Einstellungsebene erstellen.

Das Popup-Menü ist in vier Bereiche gegliedert:

Im ersten Teil befinden sich die Funktionen *Solid Color (Volltonfarbe)*, *Gradient (Verlauf)* und *Pattern (Muster)*.

Volltonfarbe: Mit dieser Funktion können Sie eine farbige Ebenenmaske hinzufügen. Dabei können Sie in einer Dialogbox die Farbe der Ebenenmaske auswählen.

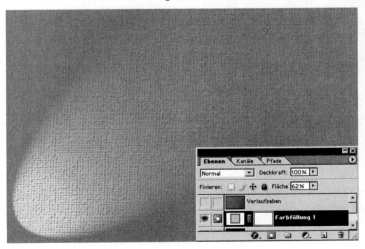

Mit Hilfe der Volltonfarbe wurde hier noch nachträglich die Hintergrundebene ergänzt.

Verlauf: Diese Funktion dient dem Erstellen einer Verlaufsmaske. Dabei können sowohl Winkel als auch die Art des Verlaufs festgelegt werden.

Muster: Hiermit kann ein weiteres Muster als Ebenenmaske in das Bild eingefügt werden. Aus einer kleinen Auswahl können dann unterschiedliche Muster ausgewählt werden.

Im zweiten Teil befinden sich die Funktionen *Levels (Tonwertkorrektur)*, *Curves (Gradationskurve)*, *Color Balance (Farbbalance)* und *Brightness/Contrast (Helligkeit/Kontrast)*. Diese Funktionen sind alle aus dem Menü *Einstellen* bekannt.

Die Funktionen des dritten Teils *Hue/Saturation (Farbton/Sättigung)*, *Selective Color (Selektive Farbkorrektur)*, *Channel Mixer (Kanalmixer)* und *Gradiant Map (Verlaufsumfang)* entsprechen ebenfalls denen aus dem Menü *Einstellen* bzw. denen aus der Optionsleiste.

Der vierte Teil enthält noch drei interessante und durchaus nützliche Funktionen:

Umkehren (Invert): Mit dieser Funktion können Sie die Helligkeitsverteilung im Bild umkehren. So können Sie schnell und einfach ein Negativbild erstellen.

Hier wurde aus einem „normalen" Foto ein Negativbild.

Schwellenwert (Threshold): Diese Funktion ermöglicht es, interessante Schwarzweißgrafiken zu erstellen. Sie können hier einstellen, ab welchem Helligkeitsgrad ein Pixel schwarz oder weiß sein soll.

3. Mit Photoshop arbeiten

Mit der Funktion Schwellenwert *lassen sich interessante Schwarzweißgrafiken erstellen.*

Tontrennung (Posterize): Hiermit legen Sie fest, ab welcher Helligkeitsstufe die Farbtöne zu einer einzigen Farbe zusammengefügt werden. Dadurch können Farbverläufe zu Farbabstufungen zurückgenommen werden.

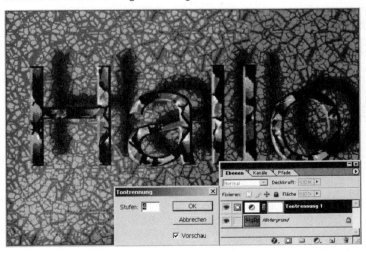

Farbabstufungen wurden hier mit der Funktion Tontrennung *erreicht.*

Eine neue Ebene erstellen

Besonders bei Grafiken, die im Web eingesetzt werden, oder auch bei Collagen arbeitet man am besten mit mehreren Ebenen. Wenn Sie aber mit einem Bild beginnen oder ein neues Bild erstellen möchten, ist die erste Ebene immer die Hintergrundebene, die nicht mit allen Funktionen bearbeitet werden kann. Dazu benötigen Sie dann mindestens eine neue Ebene.

Um neue Ebenen zu erstellen, gehen Sie folgendermaßen vor:

1. Öffnen Sie ein Bild, dem Sie eine Ebene hinzufügen möchten.
2. Öffnen Sie die Ebenen-Palette, falls diese noch nicht geöffnet ist. Diese finden Sie unter *Window (Fenster) > Layers (Ebenen-Palette)*.
3. Klicken Sie nun in der Ebenen-Palette auf das Symbol *Create a new Layer (Neue Ebene erstellen)*. Alternativ können Sie auch eine Ebene über *Layer (Ebene) > New (Neu) > Ebene* oder mit der Tastenkombination ⇧+Strg+N einstellen. Wenn Sie die neue Ebene über die Funktion *Neue Ebene erstellen* in der Ebenen-Palette erstellt haben, dann wird die Ebene sofort erstellt.
4. Haben Sie dagegen die neue Ebene über das Menü *Ebene* erstellt, erscheint jetzt eine Dialogbox. Hier können Sie den Namen eingeben. Des Weiteren können Sie die Farbe auswählen, die die Ebene bekommen soll, und in welchem Modus die Ebene erstellt werden soll. Geben Sie nun einen Namen für die Ebene ein. Bei *Color (Farbe)* wählen Sie *None (keine)* und bei *Mode (Modus) normal*. Außerdem können Sie die Ebene mit der darunter liegenden Gruppieren, wenn Sie einen Haken in das Kästchen vor *Group with Previous Layer (Mit darunter liegender Ebene gruppieren)* durch Anklicken machen. Wenn Sie die Deckkraft bei *100%* belassen, sehen Sie von den anderen Ebenen nichts mehr. Stellen Sie eine Deckkraft von *60%* unter *Opacity (Deckkraft)* ein, diese können Sie später sowieso noch korrigieren.
5. Bestätigen Sie Ihre Eingaben mit *OK*.

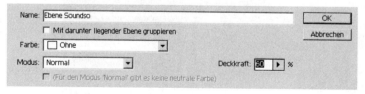

Die Dialogbox Neue Ebene

Hinweis

Wenn Sie ein Objekt in ein Bild einfügen möchten, brauchen Sie keine neue Ebene zu erstellen. Dies übernimmt dann Photoshop automatisch für Sie.

Ebenen duplizieren

Vielleicht benötigen Sie ein Objekt zweimal, um es mit Hilfe von Ebenen in ein anderes Bild einzufügen, oder Sie möchten eine animierte *GIF*-Grafik erstellen, die nur mit mehreren Ebenen zu realisieren ist (siehe dazu *Kapitel 4: Tipps & Tricks*). In solch einem Fall sollten Sie gleich die ganze Ebenen mit dem Objekt duplizieren, vorausgesetzt dieses Objekt ist der gesamte Inhalt der Ebene.

Wie Sie eine Ebene duplizieren, erfahren Sie in der folgenden Schritt-für-Schritt-Anleitung:

1. Öffnen Sie das Bild, welches das Objekt enthält, das Sie duplizieren möchten.
2. Wählen Sie die entsprechende Ebene in der Ebenen-Palette aus. Falls diese noch nicht geöffnet ist, finden Sie diese unter *Window (Filter) > Layers (Ebenen-Palette)*.
3. Ziehen Sie dann diese Ebene mit gedrückter Maustaste auf das Symbol *Create a new Layer (Eine neue Ebene erstellen)*.
4. Lassen Sie die Maustaste dort los, sobald die Schaltfläche eingedrückt erscheint.

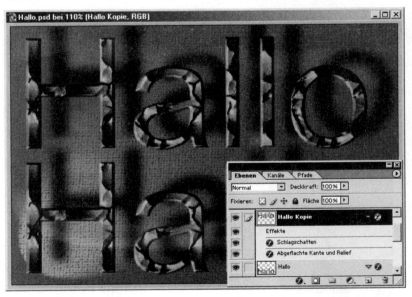

Hier wurde eine Ebene dupliziert.

Die neue Ebene wird nun in der Ebenen-Palette aufgelistet und kann genau wie die anderen bearbeitet werden.

Ebenen in ein anderes Bild duplizieren

Wenn Sie ein Objekt aus einem Bild für eine Collage verwenden möchten, dann müssen Sie es duplizieren und als eigene Ebene in dem anderen Bild einfügen.

Dies geht folgendermaßen:

1. Wählen Sie die gewünschte Ebene in der Ebenen-Palette aus.
2. Rufen Sie im Menü *Layer (Ebene)* den Befehl *Duplicate Layer (Ebene duplizieren)* auf.
3. In der Dialogbox geben Sie unter *As (Als)* den Namen ein, den die neue Ebene erhalten soll. Unter *Destination (Ziel)* wählen Sie bei *Dokument (Datei)* das Bild aus, in das die neue Ebene dupliziert werden soll.

4. Bestätigen Sie dann alle Eingaben mit einem eleganten Mausklick auf den Button *OK*.

Die Ebene wurde in ein anderes Bild dupliziert.

Alle Ebenen zu einer Ebene zusammenfassen

Wenn Sie mit dem Bearbeiten des Bildes, das aus mehreren Ebenen besteht, fertig sind, können Sie sich daran machen, das Bild im Hinblick auf den benötigten Speicherplatz zu optimieren. Ein erster Schritt in diese Richtung ist das Zusammenfassen aller Ebenen zu einer einzigen. Dies geschieht zwar auch dann, wenn Sie das Bild in ein anderes Dateiformat konvertieren, das nur eine Ebene abspeichern kann. Jedoch können Sie so eine Menge Speicherplatz sparen, wenn das Bild im *PSD*-Format gespeichert werden soll.

Das Zusammenfassen der Ebenen geht folgendermaßen:

1. Wählen Sie in der Ebenen-Palette die letzte Ebene aus. Das ist die Ebene, die ganz oben in der Ebenen-Palette aufgelistet ist.

2. Wählen Sie dann aus dem Menü *Layers (Ebene) > Merge Layers (Auf eine Ebene reduzieren)*. Diese Funktion können Sie auch mit der Tastenkombination Strg+E aktivieren. Die Dateigröße konnte in einem Bild z. B. so von 4,6 MByte auf nur 2,4 MByte reduziert werden, und das ohne Verlust an Bildinformationen.

3. Speichern Sie das Bild danach am besten gleich unter einem neuen Namen ab. Dies machen Sie über *File (Datei) > Save as (Speichern unter)*. Dies hat den Vorteil, dass Sie das Bild ohne zusammengefasste Ebenen weiterhin bearbeiten können, da es unter dem alten Namen noch gespeichert ist – vorrausgesetzt es wurde schon einmal gespeichert.

Scannen mit Photoshop

Um Bilder und Fotos einzuscannen, wird kein anderes Scan-Programm benötigt, wenn Photoshop 7.0 (oder eine frühere Version) installiert ist. Es muss nur der Scanner mit den entsprechenden Treibern eingerichtet sein. Sie finden anschließend den Scanner unter *Bearbeiten > Import* wieder.

> **Hinweis**
>
> Falls Sie mit Windows XP arbeiten, sollten Sie unbedingt den aktuellsten XP-fähigen Treiber installieren. Manche Scanner funktionieren mehr schlecht als recht auch noch mit älteren Treibern unter Windows XP. In Zusammenarbeit mit Photoshop ist das nicht anzuraten.

Um ein Bild einzuscannen, gehen Sie folgendermaßen vor:

1. Wählen Sie aus dem Menü *Bearbeiten* den Befehl *Import*.
2. Suchen Sie unter den Optionen Ihren installierten Scanner aus (es können durchaus mehrere Scanner gleichzeitig installiert werden).

3. Je nach Scannertyp kann ein anderes Dialogfenster für den Scan-Vorgang geöffnet werden. Wählen Sie dann zunächst die Vorschau.
4. Markieren Sie nun den Bildausschnitt, der eingescant werden soll.
5. Stellen Sie die Bilddaten ein (Modus: *Farbe (Foto)* und Auflösung: *300dpi*).

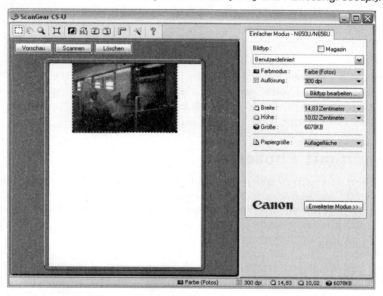

6. Starten Sie den Scan-Vorgang.

Nach dem Scan-Vorgang finden Sie das Bild in Photoshop wieder und können es bearbeiten.

3. Mit Photoshop arbeiten

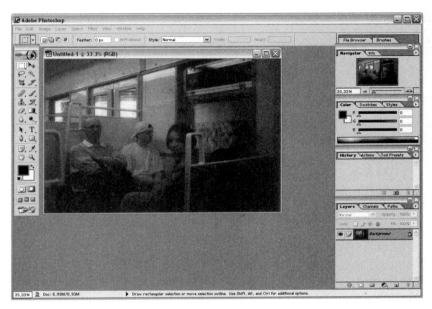

Das Bild kann nach dem Scannen sofort weiter bearbeitet werden.

> **Tipp**
>
> Haben Sie bisher mit einer anderen Anwendung gearbeitet, um Bilder einzuscannen (vielen Scannern liegen entsprechende Programme bei!), so stellen Sie sich jetzt um. Sie sparen sich den Umweg und können sofort nach dem Scan-Vorgang mit Photoshop weiterarbeiten. Die Oberfläche für den Scan-Vorgang ist sowieso identisch, da Sie treiberabhängig ist.

Drucken mit Photoshop

Manches Bild wird den Computer nie verlassen, in der Regel sollen aber die bearbeiteten oder neu erstellten Bilder gedruckt werden. Nun ist Drucken seit Windows kein Problem mehr: ein Klick auf die Schaltfläche mit dem Drucker – oder, wenn Sie wie bei Photoshop nicht direkt zu erreichen ist über das Menü *File (Datei) > Print (Drucken)* – und das Bild rasselt wenige Mausklicks später aus dem Drucker.

Um ein möglichst ansprechendes und optimales Ergebnis zu erzielen, sind aber doch einige Einstellungen zu berücksichtigen. Diese werden in den folgenden Abschnitten näher erläutert.

Photoshop druckt nicht sofort, weil es noch etwas auszusetzen gibt!

Das Menü *File (Datei)* bietet insgesamt vier Optionen, die für das Drucken wichtig sind:

◆ *Page Setup (Seite einrichten)...*: auch zu erreichen über die Tastenkombination ⇧+Strg+P. Hier legen Sie fest, wie die Seitenaufteilung für den Druck sein soll. Diese Option erreichen Sie aber auch aus den anderen Dialogen jeweils über die Schaltfläche *Page Setup*.

◆ *Print with Preview (Drucken mit Vorschau)*: auch zu erreichen über die Tastenkombination Strg+P. Hier erreichen Sie einen Dialog, in dem Sie die Druckeinstellungen in einer kleinen Vorschau überprüfen können.

◆ *Print (Drucken)...*: auch zu erreichen über die Tastenkombination Alt+Strg+P. Dies ist der eigentliche Druckdialog, so wie Sie ihn auch aus anderen Windows-Anwendungen kennen.

◆ *Print One Copy...*: auch zu erreichen über die Tastenkombination Alt+⇧+Strg+P. Hier sind die meisten Tasten zu bedienen, aber es ist auch die schnellste Möglichkeit, ein Bild zu Papier zu bringen. Eine Nachfrage erfolgt nur, wenn Photoshop etwas zu bemängeln hat (wenn etwa das Bild zu groß ist für das eingestellte Papierformat).

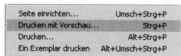

Vier Druckoptionen finden Sie im Datei-*Menü.*

Tipp

Arbeiten Sie hauptsächlich mit *Print with Preview (Drucken mit Vorschau)*. Sie erreichen von hier aus alle anderen nötigen Einstellungsdialoge. Sie müssen aber nicht übers Menü dorthin wechseln. Sie können diesen Dialog ruhig als „Schaltzentrale für das Drucken in Photoshop" betrachten. Nur wenn Sie ein bereits fertig bearbeitetes und für den Druck bereits eingerichtetes Bild ausdrucken wollen, wählen Sie die Option *Print One Copy*.

Seite für den Druck einrichten

Wie schon gesagt, sollte zunächst die Druckseite eingerichtet werden. Sie erreichen den Dialog *Seite einrichten* über das *File (Datei)*-Menü oder über die Schaltfläche aus *Print Setup*. Hier stellen Sie ein:

- Die *Papier-Größe*: Das wird in der Regel *A4* sein. Tatsächlich gibt es aber zahlreiche andere Formate, die in der Regel aber kleiner als A4 sind, da nur die wenigsten Drucker größere Formate bearbeiten können. Je nach Treiber werden Ihnen diese Formate in einer Auswahl unter *Größe* angezeigt. Wählen Sie die passende Größe aus und legen Sie das Papier in den Drucker ein.

- Die *Quelle*, aus der der Drucker das Papier bezieht. Bei den meisten Tintenstrahldruckern gibt es hier keine Auswahl. Laserdrucker – insbesondere die hochwertigen – haben aber oft mehrere Schächte oder Schubladen, aus denen unterschiedliches Papier bezogen werden kann. Hier kann dann eingestellt werden, aus welcher Papierquelle der Drucker sich das benötigte Papier holen soll.

- Unter *Orientierung* stellen Sie ein, ob Sie das Bild im Hochformat oder Querformat drucken wollen.

- Bei *Ränder (mm)* gibt es meistens nichts einzustellen. Sie finden hier aber auch als Voreinstellung, welchen Bereich der Drucker nicht bedruckt.

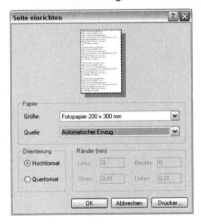

Seite für den Druck einrichten

Noch sind die Seiteneinstellungen aber nicht perfekt. Dazu sind noch druckerspezifische Einstellungen nötig. Gehen Sie dazu folgendermaßen vor (Sie befinden sich noch im Dialog *Page Setup.../Seite einrichten*):

1. Klicken Sie auf die Schaltfläche *Drucker...*
2. Wählen Sie ggf. über *Netzwerk* den Drucker aus, der zur Ausgabe dienen soll. Bei Einzelplatzsystemen entfällt diese Option. Sind mehrere Drucker an den PC angeschlossen, so können diese aus der Liste *Name* ausgewählt werden.
3. Öffnen Sie den *Eigenschaften*-Dialog des Druckers über die Schaltfläche *Eigenschaften...* (Die Registerkarten und Einstellmöglichkeiten unterscheiden sich bei den verschiedenen Druckertypen, ähneln sich aber in den wichtigsten Details.)

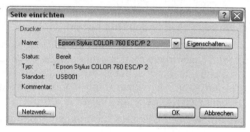

4. Wählen Sie auf der Registerkarte *Layout* die Druckreihenfolge aus. Sind mehrere Seiten zu drucken, ist die Option *Von hinten nach vorne* durchaus sinnvoll, da anschließend die Seiten nicht noch einmal sortiert werden müssen. Die Einstellungen unter *Orientierung* haben Sie ja bereits vorgenommen und können diese deshalb hier übergehen.

5. Klicken Sie auf die Schaltfläche *Papier/Qualität* und öffnen Sie die Liste bei *Papierart*.

3. Mit Photoshop arbeiten 143

6. Je nach Drucker werden unterschiedliche Papierqualitäten aufgelistet, denen sich der Drucker anpassen kann. Wählen Sie hier die passende Papierqualität aus.

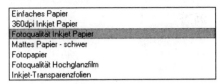

7. Unter *Qualitätseinstellungen* legen Sie fest, in welcher Qualität das Bild gedruckt werden soll. Für hochwertigen Fotodruck sollten Sie immer die Option *Optimal* auswählen.
8. Bei *Farbe* legen Sie fest, ob schwarzweiß oder in Farbe gedruckt werden soll.
9. Schließen Sie mit *OK* die Einstellungen ab.

10. Beenden Sie mit zweimal *OK* die Seiteneinrichtungen für den Druck.

> **Tipp**
>
> Nach diesen Einstellungen können Sie bereits über *Print one Copy* ein Bild auf dem Drucker ausgeben. Besser ist es aber, den Weg über *Print with Preview* zu gehen, da der Ausdruck eines farbigen Fotos viel Druckertinte und ggf. auch teures Fotopapier verschlingt und ein Fehldruck selten leicht verschmerzt wird.

Druck mit Vorschau

Für den Ausdruck prüfen Sie zunächst im Dialog *Print with View*, ob alles richtig eingestellt ist. Haben Sie diese Option von Anfang an gewählt, so können Sie Schrittweise feststellen, wie das Bild nach und nach für den optimalen Ausdruck angepasst wird.

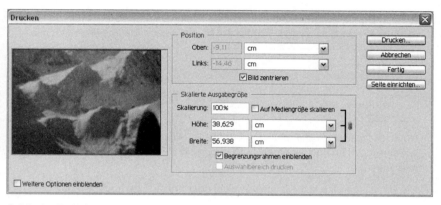

Reicht das Papierformat nicht aus, um das gewählte Bild darzustellen,...

Übersehen wird oft, dass das Bild in der originalen Auflösung viel zu groß für das gewählte Format ist. In diesem Fall reicht ein einziger Mausklick aus, um das Bild dem Papier anzupassen: Aktivieren Sie das Kontrollkästchen vor *Scale to fit Media (Auf Mediengröße skalieren)*, um das ganze Bild auf das ausgewählte Format zu bekommen.

... reicht ein Mausklick, um es richtig einzupassen.

Hinweis

Haben Sie die Option *Scale to Fit Media (Auf Mediengröße skalieren)* gewählt, so können Sie den Skalierungsfaktor sowie Breite und Höhe nicht mehr individuell anpassen.

Die genaue Position des Bildes stellen Sie über die Optionsgruppe *Position* ein. Das geht aber nur, wenn *Scale to Fit Media* und *Center Image (Bild zentrieren)* nicht ausgewählt sind. Dann können die oberen und linken Ränder definiert werden.

3. Mit Photoshop arbeiten

Hier legen Sie selbst Hand an, um die genaue Bildposition auf dem Blatt zu bestimmen.

Die Option *Show Bounding Box (Begrenzungsrahmen einblenden)* zeichnet in der Vorschau einen Rahmen um das Bild, falls diese Option aktiviert ist. Der Rahmen ist insbesondere bei Bildern mit hellen Rändern hilfreich, da er genau zeigt, wo das Bild endet. Er wird aber beim Ausdruck nicht mitgedruckt.

Klicken Sie auf die Schaltfläche *Done*, wird das Bild mit allen Druckeinstellungen versehen, aber nicht gedruckt. Ein späterer Schnelldruck wird dann mit den vorgenommenen Einstellungen durchgeführt. Um das Bild gleich auszudrucken, klicken Sie auf *Print (Drucken)* und *OK*.

Druck mit Optionen

Im Dialog *Print with View* verbergen sich noch einige Optionen für den Druck. Klicken Sie auf *Show More Options (Weitere Optionen einblenden)*, wird der Dialog im unteren Bereich erweitert.

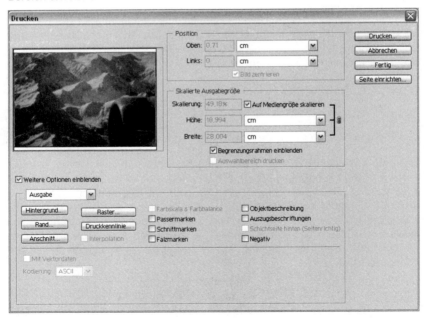

Der Druck-mit-Vorschau-*Dialog hat noch einige Optionen im Nähkästchen.*

Zunächst die Einstellungen für die Ausgabe:

- Die Schaltfläche *Background (Hintergrund)* lässt die Gestaltung des nicht bedruckten Bereichs zu. Die Fläche, die auf dem Papier nicht vom Bild eingenommen wird, kann hier farbig hinterlegt werden. Sie können die Farbe aus dem Spektrum auswählen oder in exakten Werten eingeben. Wählen Sie die Option *Only Web Colors (Nur Webfarben)*, so wird nur das eingeschränkte Farbspektrum zur Auswahl angeboten, das im Internet dargestellt werden kann.

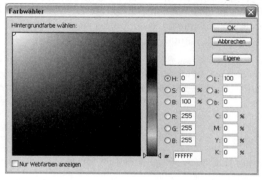

Welche Farbe für den Hintergrund hätten Sie denn gern?

- Über die Schaltfläche *Border (Rand)* legen Sie eine Umrandung für das Bild fest. Sie können aber lediglich die Breite des Randes definieren – mehr lässt der karge Dialog nicht zu. Anders als bei *Show Bounding Box* wird dieser Rahmen nicht nur angezeigt, sondern auch ausgedruckt.

Legen Sie einen Rahmen um das Bild.

- Über die Schaltfläche *Screen (Bildschirm)* erreichen Sie den Dialog *Halftone Screens (Rastereinstellungen)*. Sie finden hier die Voreinstellung *Use Printer's Default Screens (Rastereinstellungen des Druckers)*, die alle anderen Optionen in diesem Dialog ausschaltet. Wollen Sie das Bild auf dem eigenen Drucker ausgeben, so belassen Sie diese Voreinstellung. Soll das Bild an eine Druckerei, so deaktivieren Sie diese Option und tragen für die Farben *Cyan (Türkis)*, *Magenta (Pink)*, *Yellow (Gelb)* und *Karbon/Black (Schwarz)* die Werte ein, die Ihnen Ihre Druckerei nennt.

3. Mit Photoshop arbeiten

Hier tragen Sie die Rasterwerte ein, die Ihnen Ihre Druckerei nennt.

> **Hinweis**
>
> Nach den Anfangsbuchstaben der Farben Cyan, Magenta, Yellow und Karbon spricht man auch vom *CMYK*-Farbmodell. Der Druck dieser Farben wird nacheinander ausgeführt (es gibt vier Druckplatten – je eine für diese Farben), so dass erst am Ende das fertige, farbige Bild steht.

♦ Wählen Sie die Schaltfläche *Transfer... (Druckkennlinie)*, so öffnet sich der Dialog *Transfer Functions (Druckkennlinien)*. Hier wird eingestellt, wie die Helligkeitswerte, die auf dem Bildschirm durch Licht erzeugt werden, beim Druck in Schattenwerten umgesetzt werden. Voreingestellt ist eine Gerade, die von links unten nach rechts oben läuft. Als Wert finden Sie lediglich bei 0 *0%* und bei 100 *100%* eingetragen. Sie können manuell Werte eingeben (was wohl in den seltensten Fällen geschehen wird) oder aber die Linie mit der Maus fassen und nach links oder rechts ziehen. Damit können Sie etwas experimentieren; ohne nähere Kenntnisse sollten Sie aber eher die Voreinstellung belassen.

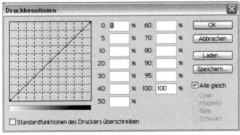

Was ist hell und was ist dunkel?

> **Tipp**
>
> Lassen Sie sich von Ihrer Druckerei eine Datei mit den Farbeinstellungen des Druckers geben. Sie können diese dann über die Schaltfläche *Load (Laden)* hereinholen und haben mit einem Schlag die richtige Anpassung im Bild.

Bilder an die Druckerei geben

Gründe für die Zusammenarbeit mit einer Druckerei gibt es viele. Sie haben den Druck großformatiger Plakate vor. Das schafft kaum ein Drucker, den es in Haushalten oder Büros gibt. Oder die Bilder sind für professionelle Veröffentlichungen gedacht. Bereits im Abschnitt zuvor sind einige Einstellungen im Zusammenhang mit der Weitergabe an Druckereien erwähnt. Hier werden nun die weiteren Optionen aus dem *Print with View*-Menü aufgeführt.

- Die Schaltfläche *Bleed (Anschnitt)* lässt Einstellung für den Anschnitt zu. Die Papierformate in den Druckereien sind in der Regel größer als die gewünschten Formate. Über diese Funktion in Photoshop kann dieser Anschnitt (der überstehende Rand) genau festgelegt werden. Das lässt eine exakte Positionierung des Druckes zu. Bevor Sie in diesem Dialog einen Wert eintragen, sollten Sie mit Ihrer Druckerei reden und sich die Anschnittbreite nennen lassen.

Wie groß darf der überstehende Rand sein?

- Damit die Druckerei weiß, wo das Papier beschnitten werden muss, können Schnittmarken festgelegt werden. Diese bringen Sie durch Aktivierung des Kontrollkästchens vor *Corner Crop Marks (Schnittmarken)* auf das Papier. Die *Registration Marks (Passermarken)* dienen zur exakten Positionierung der vier Farbplatten. Wird das fertige Druckerzeugnis gefaltet (z. B. bei einer Zeitschrift), können über *Center Crop Marks (Falzmarken)* entsprechende Faltmarkierungen auf dem Papier gedruckt werden.

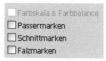

Marken über Marken können mitgedruckt werden.

Beschriftungen mitdrucken

Mit dem Bild können weitere Informationen ausgedruckt werden. Allerdings müssen diese auch verfügbar sein. So wird etwa die *Caption (Objektbeschreibung)* aus den Datei-Informationen entnommen.

Um solche Informationen (Beschriftungen) einem Bild hinzuzufügen, gehen Sie folgende Schritte:

1. Wählen Sie *File (Datei)* > *File Info (Datei-Informationen)*.
2. Geben Sie bei *Caption (Objektbeschreibung)* die gewünschte Information ein.
3. Schließen Sie über *OK* diesen Dialog.

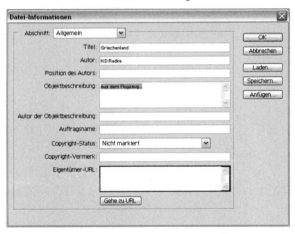

4. Öffnen Sie den *Print with View*-Dialog und klicken Sie in das Kontrollkästchen vor *Caption (Objektbeschreibung)*. Die zuvor eingegebene Beschreibung wird unterhalb des Bildes ausgegeben.

Aktivieren Sie das Kontrollkästchen vor *Labels (Auszugsbeschriftungen)*, so wird oberhalb des Bildes der Dateiname gedruckt.

4. Tipps & Tricks

In *Kapitel 3: Mit Photoshop arbeiten* ging es um die Vorstellung der wichtigsten Funktionen von Photoshop. In diesem Kapitel geht es eher um die Herangehensweise an bestimmte Probleme. Es werden Funktionen (teilweise erweitert) beschrieben, die in vorherigen Kapitel 3 schon vorgestellt wurden, aber auch neue Themen angeschnitten (etwa das Thema Photoshop und Internet). Es ist ein Kapitel für leicht fortgeschrittene Anwender, die zumindest *Kapitel 2: Photoshop installieren, einrichten und kennen lernen* und *Kapitel 3: Mit Photoshop arbeiten* durchgearbeitet haben.

Bilder freistellen

Unser letzter Urlaub führte uns nach Polen, genauer nach Masuren. Dort besichtigten wir unter anderem die Wolfsschanze, das ehemalige Führerhauptquartier für die Ostfront im zweiten Weltkrieg. Durch die Ruinen führte ein kompetenter Führer, der seine sachlichen Informationen mit Bildern aus seinem Buch untermauerte. Ein Bild zeigte ihn selbst mit einer deutschen Politikerin und einem polnischen Minister. Verschmitzt zeigte er das gleiche Bild noch einmal in einem anderen Buch. Der polnische Minister fehlte. Er wurde kürzlich der Spionage für Russland überführt und der Fremdenführer mochte sich mit ihm nicht mehr sehen lassen. Also wurde er herausretuschiert.

Sie haben auch ein Urlaubsfoto auf dem noch Ihr damaliger Partner zu sehen ist, von dem Sie jetzt aber nichts mehr wissen wollen. Kein Problem, mit Photoshop können Sie diesen, mit Hilfe einiger Werkzeuge, aus dem Bild entfernen. Dazu müssen Sie das Objekt zunächst einmal freistellen, also markieren, um es später z. B. ausschneiden zu können. Hierzu gibt es einige Werkzeuge, die Sie je nach Situation gut gebrauchen können. Diese wären:

- **Geometrische Auswahlformen:** Mit diesen Auswahlwerkzeugen können Sie geometrische Formen freistellen. Zum Beispiel einen Wolkenkratzer oder einen Ball. Photoshop bietet vier verschiedene Werkzeuge dazu an. Sie befinden sich in der Werkzeugleiste ganz oben links. Diese sind: das *Rectangular Marquee Tool (Auswahlrechteck)*, das *Elliptical Marquee Tool (Auswahlellipse)*, das *Single Row Marquee Tool (Auswahlzeile)* und das *Single Columen Marquee Tool (Auswahlspalte)*.
- **Freiformwerkzeuge:** Mit den Freiformwerkzeugen können Sie beliebige Formen umfahren und somit auswählen. Allerdings eignen sich diese Werkzeuge meistens nur dazu, recht grobe Bereiche auszuschneiden. Diese Freiformwerkzeuge heißen unter Photoshop *Lassos*. Sie gibt es in folgenden Ausführungen: das „normale" *Lasso Tool (Lasso-Werkzeug)*, das *Polygonal Lasso Tool (Polygon-Lasso-Werkzeug)* und das *Magnetic Lasso Tool (Magnetisches Lasso-Werkzeug)*.

- **Farbauswahl:** Bei Bildern mit großen Farbunterschieden, z. B. wenn sich der Himmel deutlich vom Horizont absetzt, kann das Freistellen mit der Farbmaskierung vorgenommen werden. Wenn aber die gleichen Farben im ganzen Bild ausgewählt werden sollen, bietet sich eher die Farbbereichauswahl an. Sie erkennt die Farben im ganzen Bild, auch wenn diese nicht zusammenhängen. Die Werkzeuge dazu sind: das *Magic Wand Tool (Zauberstab)*, das Sie in der Werkzeugleiste finden, und die Funktion *Color Range (Farbbereich auswählen)*, die Sie unter *Select (Auswahl)* in der Menüleiste finden.

Objekte im Bild freistellen und bearbeiten

Um das Freistellen in der Praxis zu erklären, wird es hier an einem Beispiel gezeigt. Die hübsche junge Frau auf diesem Passbild hat einen etwas blassen Mund. Dem soll abgeholfen werden.

Mit Hilfe der Freistellwerkzeuge lässt sich der Mund separat bearbeiten. So kann er zum Beispiel geschminkt werden, um die junge Dame noch hübscher erscheinen zu lassen. Dies geht natürlich auch mit einem Foto Ihrer Frau, Freundin oder Bekannten ...

Dazu gehen Sie wie folgt vor:

1. Scannen Sie das Foto ein. In diesem Fall wurde das Passfoto mit einer Auflösung von 360 dpi gescannt. Trotz dieser hohen Auflösung sind schon nach wenigen Vergrößerungsstufen deutlich die Pixel zu erkennen. Dies liegt an der niedrigen Auflösung der Passfotos.

4. Tipps & Tricks

2. Vergrößern Sie mit der Lupe das Bild auf etwa 800%.

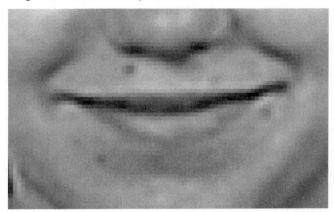

3. Wählen Sie aus der Werkzeugleiste das *Polygonal Lasso Tool (Polygon-Lasso)* aus.
4. Umfahren Sie den Mund mit diesem Werkzeug. Dazu klicken Sie irgendwo auf den Rand zwischen Mund und Gesicht. Klicken Sie bei jeder Richtungsänderung erneut mit der linken Maustaste. Sind Sie wieder am Beginn angelangt, machen Sie einen Doppelklick, um den Vorgang abzuschließen. Der Mund wird jetzt von einer schwarzweiß gestrichelten Linie umrahmt.

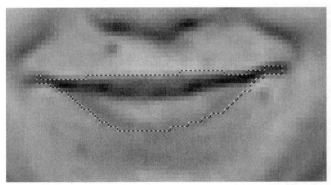

5. Wechseln Sie nun in den Maskiermodus. Dies machen Sie, entweder indem Sie in der Werkzeugleiste auf das entsprechende Symbol klicken oder indem Sie einfach die Taste [Q] drücken.

6. Jetzt ist alles um den Mund herum maskiert. Um den Mund zu maskieren, wählen Sie unter *Select (Auswahl) > Reselect (Erneut Auswählen)*.

7. Um den Maskiermodus wieder zu verlassen, drücken Sie erneut die Taste Q.
8. Sie können nun den Mund mit allen Funktionen bearbeiten. Mit *Auto Contrast (Auto-Kontrast)* bekommt der Mund schon ein schönes volles Rot.
9. Wenn Ihnen das nicht reicht, können Sie beispielsweise die Gradationskurve über *Image (Bild) > Adjustments (Einstellen) > Curves (Gradationskurve)* aufrufen.

10. Mit dem Farbkanal *Green (grün)*, im *RGB*-Modus können Sie dann den Mund pink bis lila einfärben, indem Sie die Kurve nach rechts unten biegen.

Der Mund ist jetzt geschminkt.

Vielleicht wollen Sie den Mund als zentrales Objekt des Bildes gestalten. Das könnte man dadurch erreichen, dass man den Mund als einziges farbiges Objekt im Bild belässt und den Rest entfärbt. Steven Spielberg setzt bei seinem Meisterwerk „Schindlers Liste" auch erfolgreich auf dieses Stilmittel. Sie müssen dazu folgendermaßen vorgehen:

1. Gehen Sie wie oben vor, um dem Mund ein starkes Rot zu geben.
2. Verkleinern bzw. vergrößern Sie das Bild soweit, bis es ganz auf den Bildschirm passt.
3. Wählen Sie jetzt *Select (Auswahl)* > *Inverse (Auswahl umkehren)*.
4. Wechseln Sie nun in den Maskiermodus. Nun sollte nur der Mund rot maskiert sein. Verlassen Sie den Maskiermodus wieder mit einem Tastendruck auf die Taste Q.

5. Sie können das Bild nun bearbeiten. Um es zu entfärben, wählen Sie *Image (Bild)* > *Adjustments (Einstellung)* > *Hue/Saturation (Farbton/Sättigung)*.
6. Schieben Sie den Regler unter *Saturation (Sättigung)* und *Hue (Farbton)* ganz nach links, um das Bild zu entfärben.

7. Um den Vorgang abzuschließen, klicken Sie auf *OK*.

Das fertige Bild

Hintergrund freistellen und ändern

Der Hintergrund des Fotos ist nicht besonders aufregend. Mit der Verlaufsfunktion könnte man ihn mit einer anderen Farbe einfärben. Dazu muss der Hintergrund allerdings erst einmal freigestellt werden. Dies geht in Photoshop recht einfach.

Gehen Sie folgendermaßen vor:

1. Wählen Sie aus der Werkzeugleiste das *Magic Wand Tool (Zauberstab)* aus.
2. Klicken Sie nun auf den Hintergrund. Da dieser in diesem Fall nicht aus einem einzigen Farbton besteht, wird nur ein Teil freigestellt. Dies ist nicht weiter prob-

4. Tipps & Tricks 157

lematisch. Um den ganzen Hintergrund freizustellen, halten Sie einfach die ⇧-Taste gedrückt während Sie die restlichen, noch nicht freigestellten Bereiche des Hintergrundes anklicken. Stellen Sie so den gesamten Hintergrund frei.

3. Legen Sie nun die neuen Farben für den Hintergrund fest. Zwei Farben werden benötigt, um den Verlauf darstellen zu können. Dazu klicken Sie in der Werkzeugleiste das *Set foreground color (Vordergrundfarbe setzten)*-Kästchen an.

4. Legen Sie nun die gewünschte Farbe fest. Sie ist die Farbe, die von oben nach unten in die zweite Farbe übergehen wird.

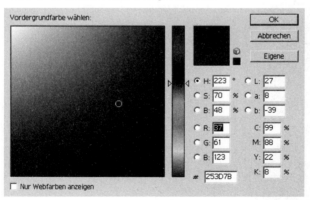

5. Gehen Sie mit der zweiten Farbe genauso vor. Klicken Sie hierzu aber auf das Kästchen *Set background color (Hintergrundfarbe setzten)* in der Werkzeugleiste.

6. Rufen Sie nun das Verlaufswerkzeug auf, indem Sie in der Werkzeugleiste auf das Symbol *Gradient Tool* klicken oder die Taste W drücken.

7. Klicken Sie nun irgendwo in den oberen Teil des Bildes, halten Sie die Maustaste gedrückt und ziehen Sie die nun entstehende Linie senkrecht bis unter den untersten Rand des Hintergrundes. Lassen Sie dann die Maustaste los.

8. Das Bild hat nun einen neuen Hintergrund. Es kann jetzt weiter bearbeitet werden.

4. Tipps & Tricks

Vielleicht würde sich auch eine andere Hintergrundfarbe ganz gut machen. Probieren geht über studieren.

Ein Objekt freistellen für ein Titelbild

Angenommen eine Specksteinplastik soll für einen Buchtitel herhalten. Dazu muss diese aber erst aus einer Fotografie herausgeschnitten werden, da die Hintergründe (Tisch, Wand etc.) für das Titelbild stören. Wie das zu machen ist, zeigt die folgende Schritt-für-Schritt-Anleitung.

1. Mit *File (Datei)* und *Open (Öffnen)* können Sie das benötigte Bild auf die Arbeitsfläche laden.

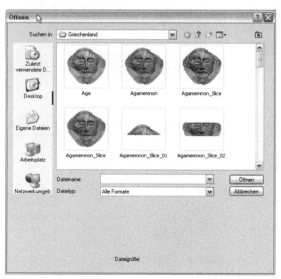

2. Wählen Sie in der Werkzeugleiste das *Magic Wand Tool (Zauberstab)* aus. Klicken Sie dann auf den Hintergrund. Im Idealfall ist das Objekt, das freigestellt werden soll, vollständig und vor allem exakt markiert. Da der Hintergrund meist aber aus mehreren Farben besteht, auch wenn dies nicht gleich erkennbar ist, sind wahrscheinlich nicht alle Stellen so freigestellt, wie dies gewünscht war.
3. Um die restlichen Stellen nun auch noch exakt freizustellen, aktivieren Sie das *Polygon Lasso*. Dazu klicken Sie mit der rechten Maustaste auf das *Lasso*-Symbol in der Werkzeugleiste. Wählen Sie dann das benötigte Lasso aus. Um nun den Rest freizustellen, ohne das bereits Markierte zu löschen, führen Sie den Freistellvorgang bei gedrückter ⇧-Taste aus.

Tipp

Vergrößern Sie die betroffenen Stellen mit der Lupe. So können Sie die Konturen mit dem Lasso wesentlich besser abfahren. Um zur Gesamtansicht zurückzukehren, klicken Sie mit der rechten Maustaste in das Bild und wählen aus dem sich öffnenden Kontext-Menü *Fit on Screen*. Beachten Sie, dass dazu das Lupen-Werkzeug aktiv sein muss.

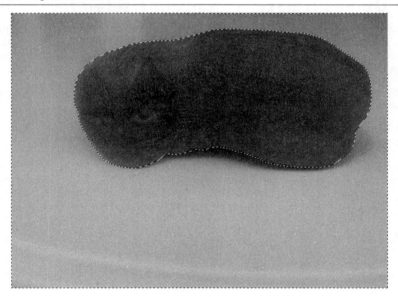

4. Tipps & Tricks

4. Da ja nun der Hintergrund und nicht das Objekt selbst markiert ist, müssen Sie die Markierung umkehren. Dazu wählen Sie *Select (Auswahl)* > *Inverse (Auswahl umkehren)*.

5. Um das Objekt jetzt auszuschneiden, wählen Sie *Edit (Bearbeiten)* > *Cut (Ausschneiden)*.

6. Da das Bild einen transparenten Hintergrund erhalten soll (um es später in ein anderes Bild wieder einzufügen) und es als neue Bilddatei gespeichert werden soll, öffnen Sie ein neues Bilddokument. Dies machen Sie über *File (Datei)* > *New (Neu)*.

7. Stellen Sie dort folgende Parameter ein: Bei *Name* geben Sie den neuen Namen für das Bild ein. An der Bildgröße ändern Sie am besten nichts, allenfalls die Auflösung können Sie verändern – bei einer Erhöhung der Auflösung allerdings nicht über 130% der ursprünglichen Auflösung, um zu starke Qualitätsverluste zu vermeiden. Unter *Contents (Inhalt)* wählen Sie *Transparent* aus.

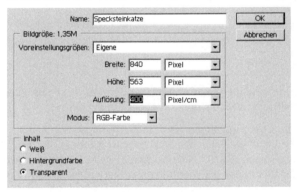

8. Bestätigen Sie diese Einstellungen dann, indem Sie die Schaltfläche *OK* betätigen.

9. Wählen Sie nun *Edit (Bearbeiten)* > *Paste (Einfügen)*, um das Objekt in das neue Bild zu laden.

10. Sichern Sie dies dann, indem Sie *File (Datei)* > *Save (Speichern)* ausführen. In der Dialogbox wählen Sie dann den entsprechenden Pfad aus. Außerdem können Sie hier festlegen, in welchem Format das Bild gespeichert werden soll. Standardmäßig ist das Photoshop-Format voreingestellt. Wenn Sie das Bild aber auch mit anderen Bildbearbeitungsprogrammen bearbeiten möchten, empfiehlt es sich, dieses im *TIFF*- Format abzuspeichern. Ist das Bild aber für den Webeinsatz vorgesehen, wird es besser im *GIF*-Format gespeichert.

11. Ändern Sie nichts an den anderen Einstellungen und klicken Sie auf Speichern.

12. Wählen Sie im nun erscheinenden Fenster *IBM PC* oder *Macintosh* aus, je nachdem welchen Rechner Sie verwenden, und bestätigen Sie mit *OK*.

13. Sie können jetzt weitere Veränderungen oder Verbesserungen am Bild vornehmen. Mit der Gradationskurve können Sie zum Beispiel Kontrast und Helligkeit ändern. Rufen Sie dazu *Image (Bild) > Adjustments (Einstellen) > Curves (Gradationskurve)* auf. Durch Verändern der Kurve können Sie Helligkeit und Kontrast ändern. Wenn Sie das Häkchen vor *Preview (Vorschau)* machen, können Sie die Veränderungen direkt am Bild beobachten. Gefallen diese Ihnen nicht, können Sie den Ursprungszustand wiederherstellen, indem Sie auf *Cancel (Abbrechen)* klicken. Ansonsten bestätigen Sie mit *OK*.

4. Tipps & Tricks

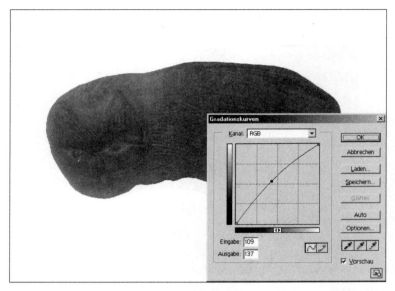

Mit der Gradationskurve werden die letzten Optimierungen vorgenommen. Das Bild kann nun für das Titelbild eines Buches über Speckstein verwendet werden.

1-Bit-Bilder erstellen

Besonders beim Webdesign muss auf eine möglichst geringe Datenmenge geachtet werden. Eine grafisch aufwendige Seite mit vielen 24-Bit-Bildern ist eigentlich nutzlos, wenn Sie keiner betrachtet, weil der Ladevorgang viel zu lange dauert. Daten sparen ist also angesagt. Neben der Möglichkeit, fast ganz auf Bilder zu verzichten, bleibt noch der Einsatz von 1-Bit-Bildern. Da diese nur 2 Farben besitzen, benötigen Sie auch wesentlich weniger Speicherplatz. Dabei muss eine Internetseite mit 1-Bit-Bildern keineswegs langweilig wirken. Ganz im Gegenteil. Der Einsatz solcher Bilder wertet eine Internetseite durchaus grafisch auf, ohne dabei zu sehr vom Inhalt abzulenken. Da die meisten Bilder sowieso nur am Bildschirm betrachtet werden, bieten sich 1-Bit-Bilder geradezu für das Webdesign an.

Welche Bilder sind geeignet

Am besten eignen sich kontrastreiche Bilder mit wenigen Farben und großen einfarbigen Flächen. Farbverläufe sollten vermieden werden.

Dieses Bild ist gut geeignet, um es in ein 1-Bit-Bild umzuwandeln.

Das richtige Dateiformat für 1-Bit-Bilder

Im Internet hat sich vor allem das Dateiformat *GIF* durchgesetzt. Es besitzt eine sehr starke Datenkompression, kann allerdings nur max. 256 Farben darstellen (8 Bit). Der Vorteil in diesem Fall: Es kann auch als 1-Bit-Format genutzt werden. Ein weiterer Vorteil ist, dass es auch Transparenzen und Animationen unterstützt.

> **Hinweis**
>
> Bevor Sie die Farbtiefe eines Bildes auf 1 Bit reduzieren, sollten Sie vorher die Farbtiefe soweit wie möglich reduzieren. Verstärken Sie danach noch etwas den Kontrast. Vermeiden Sie möglichst Farbverläufe. Verwenden Sie Bilder mit großen einfarbigen Flächen.

Aus einem bunten Bild ein 1-Bit-Bild erstellen

Um aus dem bunten Original ein 1-Bit-Bild zu erstellen, folgen Sie der Schritt-für-Schritt-Anleitung:

1. Speichern Sie das Bild, das Sie zu einem 1-Bit-Bild umwandeln möchten, zunächst als *GIF*-Dokument ab. Dies machen Sie, indem Sie *File (Datei) > Save as (Speichern als)* wählen.

4. Tipps & Tricks

2. Geben Sie nun im Textfeld *Dateiname* einen Namen für das Bild ein. Wählen Sie dann das Format *GIF* aus der Liste aus. Die Liste können Sie sich anzeigen lassen, wenn Sie auf die Schaltfläche mit dem nach unten zeigenden schwarzen Pfeil klicken. Geben Sie eventuell einen anderen Pfad an. Je nachdem wo Sie das Bild abspeichern möchten.

3. Bevor das Bild endgültig neu abgespeichert wird, erscheint eine Dialogbox *Indexed Color (Indizierte Farben)*. Hier geben Sie unter *Palette Local (Perceptual) (Lokal (Perzeptiv))* an. Im Textfeld *Colors (Farben)* stellen Sie zwei Farben ein (sonst wird das Bild nicht als 1-Bit-Bild gespeichert, da nur 2 Farben, also Schwarz und Weiß, verarbeitet werden können. Unter *Erzwungen (Forced)* stellen Sie *Black and White (Schwarzweiß)* ein. Im Bereich *Options (Optionen)* wählen Sie als *Matte (Hintergrund) None (Keiner)* und unter *Dither Diffusion*. Die Stärke können Sie im Bereich von 1 bis 100% einstellen. Sie regelt, bis zu welcher Farbstärke noch Schwarz eingesetzt wird. Bei 100% enthält das Bild am wenigsten schwarze Pixel, bei 1% entsprechend die meisten.

4. Klicken Sie anschließend auf *OK* und bestätigen Sie die nächste Einstellung *normal* wiederum mit *OK*.

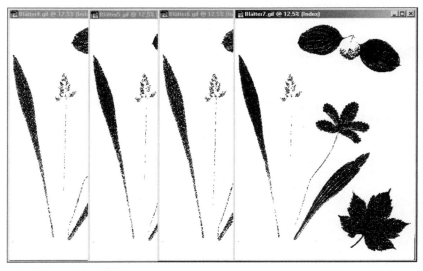

Hier wurde dasselbe Bild viermal mit unterschiedlichen Stärkeanteilen zu einem 1-Bit-Bild reduziert. Von links nach rechts: 100%, 50%, 75%, 25%.

Eine weitere Methode, um ein 1-Bit-Bild zu erstellen

Über den Modus *Bitmap* lässt sich noch einfacher ein 1-Bit-Bild erstellen. Dies geht folgendermaßen:

1. Öffnen Sie das Bild, dessen Farbtiefe Sie auf 1 Bit reduzieren wollen. Achten Sie darauf, dass dieses Bild auch dafür geeignet ist, also wenige Details, keine Farbverläufe oder starke Kontraste enthält.

2. Wechseln Sie in den Graustufenmodus. Wählen Sie dazu *Image (Bild)* > *Mode (Modus)* > *Grayscale (Graustufen)*.

3. Wählen Sie nun wieder *Image (Bild)* > *Mode (Modus)* und dann *Bitmap*.

4. In der jetzt erscheinenden Dialogbox haben Sie einige Einstellungsmöglichkeiten bezüglich der Methode, mit der Sie das 1-Bit-Bild erzeugen möchten. Wählen Sie eine davon unter *Use (Verwenden)* aus.

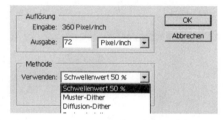

5. Stellen Sie unter *Resolution (Auflösung)* die gewünschte Auflösung ein. Wenn das Bild für das Internet verwendet werden soll, sind 72 dpi zu empfehlen.

6. Bestätigen Sie die Einstellungen dann mit OK.

Hier die vier verschiedenen Methoden, die ausgewählt werden können. Von links oben: 50% Threshold, Pattern Dither, Diffusion Dither, Halftone Screen.

Ein Bild mit einem unregelmäßigen Rahmen aufwerten

Ein Rahmen verleiht einem Bild in der Regel eine ganz besondere Note. Mit dem Filter *Schwingungen* zum Beispiel lassen sich schon sehr interessante Rahmen erstellen:

Wie Sie schnell einen Rahmen erstellen, erfahren Sie im Folgenden:

1. Öffnen Sie ein Bild, das einen Rahmen erhalten soll.
2. Drücken Sie die Taste M, um das *Rectangle Marquee Tool (Auswahlrechteck)* auszuwählen. Erstellen Sie damit einen Auswahlrahmen.

3. Die weiche Auswahlkante, die Photoshop hier erstellt, stört in diesem Fall. Um eine harte Auswahlkante zu erreichen, muss der Schwellenwert geändert werden. Dazu wechseln Sie zunächst mit der Taste Q in den Maskiermodus.

4. Wählen Sie nun *Image (Bild) > Adjustments (Einstellen) > Threshold (Schwellenwert)*. Mit Hilfe des Schiebereglers können Sie nun eine harte Auswahlkante erstellen.

5. Rufen Sie jetzt den Filter *Schwingungen* über *Filter > Distort (Verzerrungsfilter) > Wave (Schwingungen)* auf.

4. Tipps & Tricks

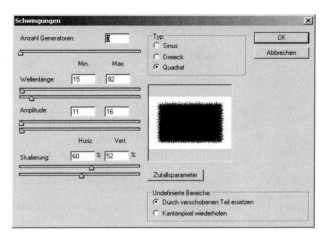

6. In der Dialogbox haben Sie jetzt zahlreiche Einstellungsmöglichkeiten. Stellen Sie die Werte wie folgt ein: *Number of Generators (Anzahl Generatoren)* auf *3*, *Wavelength (Wellenlänge)* bei *Min.* auf *15* und *Max.* auf *92*. Bei der *Amplitude* stellen Sie die Werte *11* und *19* ein. Und die *Scale (Skalierung)* auf *60%* und *52%*. Im Bereich *Type (Typ)* aktivieren Sie *Square (Quadrat)*.
7. Bestätigen Sie diese Einstellungen dann mit *OK*.
8. Verlassen Sie nun wieder den Maskiermodus.
9. Wählen Sie nun *Edit (Bearbeiten) > Cut (Ausschneiden)*, um den überflüssigen Bereich des Bildes auszuschneiden.

So sieht das Bild dann mit Rahmen aus.

Unscharfe Bilder verbessern

Vor noch nicht einmal allzu langer Zeit waren leicht verwackelte und/oder unscharfe Bilder ein Fall für den Papierkorb. Heute – die schnelle Entwicklung der digitalen Bildbearbeitung macht es möglich – können viele solcher Bilder dennoch gerettet werden.

Tipp

Achten Sie schon beim Einscannen darauf, dass keine Staubkörnchen die Auflagefläche verschmutzen. Putzen Sie diese vorher mit einem Brillenputztuch oder einem Anti-Statik-Tuch sorgfältig ab. Die Staubkörner werden beim Schärfen mittels Filter auch verstärkt. Sparen Sie sich viel Retuschierarbeit mit einem sauberen Scanner.

Wie Sie ein unscharfes Bild mit Photoshop wieder ansehnlich machen, soll die folgende Schritt-für-Schritt-Anleitung erklären:

1. Scannen Sie das unscharfe Bild mit möglichst hoher Auflösung ein. Die Auflösung sollte dabei mindestens viermal so groß sein, wie später benötigt, da beim Bearbeiten der Bilder die Pixel immer weniger werden. Besonders bei Bildern mit geringer Auflösung fällt das Schärfen schon sehr früh auf.

2. Speichern Sie das Bild im *PSD*-Format ab.

3. Als erste Maßnahme, um eine Schärfung des Bildes zu erreichen, sollten Sie den Kontrast erhöhen.

4. Tipps & Tricks

> **Tipp**
>
> Dazu gibt es mehrere Möglichkeiten. Beginnen Sie ruhig einmal mit der Auto-Kontrast-Funktion, die Sie unter *Image (Bild) > Adjustments (Einstellen) > Auto-Contrast* finden. Dies liefert zwar keine optimale Lösung, ist jedoch ein guter Ansatz, um zu sehen, wie sich die Kontraständerung auf die Bildschärfe auswirkt. Sollte das Ergebnis zu sehr von Ihren Vorstellungen abweichen, machen Sie den Schritt rückgängig, indem Sie *Edit (Bearbeiten) > Undo Auto-Contrast (Rückgängig ...)* wählen.

4. Als Nächstes sollten Sie den Tonwertumfang spreizen, um den Kontrast zu erhöhen. Dazu rufen Sie die Tonwertkorrektur mit *Image (Bild) > Adjustments (Einstellen) > Levels (Tonwertkorrektur)* auf.

5. In der Dialogbox, können Sie das Tonwertspektrum spreizen, indem Sie die beiden äußeren Dreiecke so weit nach innen schieben, bis diese die ersten schwarzen Bereiche erreicht haben. Übertreiben Sie es aber nicht. Bei dieser Aktion gehen auf jeden Fall Bildpunkte verloren, unter Umständen ein ganz beträchtlicher Anteil der Gesamtpixelanzahl.

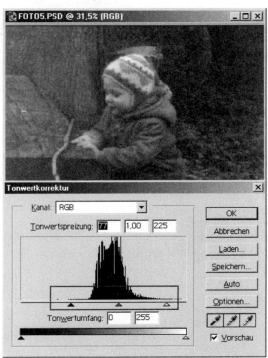

6. Nun kann der Kontrast abhängig von der Helligkeit mit der Gradationskurve weiter erhöht werden. Die Gradationskurve finden Sie unter *Image(Bild) > Adjustments (Einstellen) > Curves.*

7. Eine steile Kurve erhöht dabei den Kontrast. Um die Kurve zu ändern, klicken Sie im unteren Drittel auf eine Stelle der Kurve. Den nun hinzugefügten Punkt ziehen Sie auf der waagrechten Achse in Richtung Mitte. Genauso fügen Sie am oberen Ende einen Punkt ein, mit dessen Hilfe Sie die Kurve verformen können. Liegen die beiden Punkte auf der waagerechten Achse nah beieinander, ist der Kontrast sehr hoch. Experimentieren Sie ein bisschen, bis Sie mit dem Ergebnis zufrieden sind.

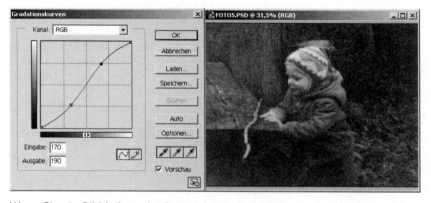

8. Wenn Sie ein Bild haben, das in etwa genauso extrem unscharf und flau ist wie dieses Beispiel, dann werden Sie bemerkt haben, dass der Anteil der Farben, die nicht in dieses Bild zu passen scheinen, bei der Kontrastkorrektur erheblich zugenommen hat. Um diesen Effekt wieder auszugleichen, muss die Sättigung geändert werden. Die Dialogbox finden Sie unter *Image (Bild) > Adjustments (Einstellen) > Hue/Saturation (Farbton/Sättigung).*

9. Mit dem mittleren Regler können Sie die Sättigung verringern, indem Sie ihn nach links schieben, oder die Sättigung erhöhen, indem Sie den Regler nach rechts schieben. Mit etwas Übung kann man recht gute Ergebnisse erzielen. Mit dem Regler für *Hue* können Sie den Farbton ändern und mit *Lightness* die Helligkeit anpassen.

4. Tipps & Tricks

173

10. Inzwischen ist schon eine deutliche Verbesserung der Schärfe des Bildes zu erkennen. Um den flauen Ton zu beseitigen, muss nun noch die Farbbalance geregelt werden. Diese können Sie über die Funktion *Color Balance* manuell einstellen, die Sie unter *Image (Bild) > Adjustments (Einstellen) > Color Balance (Farbbalance)* finden.

Tipp

In diesem Fall hat aber die *Auto-Color*-Funktion sehr gute Ergebnisse geliefert. Die *Auto-Color*-Funktion finden Sie ebenfalls unter *Image > Adjustments*.

11. Zu guter letzt können Sie mit Hilfe der Filter das Bild noch weiter aufwerten. Um die Konturen stärker hervorzuheben, wählen Sie *Filter > Sharpen (Scharfzeichnen) > Sharpen (Scharfzeichnen)* oder *Sharpen More (stark Scharfzeichnen)*.

12. Falls durch diese Aktion auch Staub- oder Schmutzpartikel verstärkt wurden, können Sie diese mit dem Filter *Dust_Scratches (Staub & Kratzer entfernen)* entfernen. Den Filter finden Sie unter *Filter > Noise (Störungsfilter)*.

Hier wurde so ziemlich alles Machbare am Bild realisiert. Der Unterschied zum ursprünglichen „Original" ist beträchtlich.

Eine gute Bildverbesserung ist immer mehrstufig und wird durch den Einsatz mehrerer Funktionen erreicht. Wenn Sie anfangs aber bei einzelnen Bildern mit den unterschiedlichen Funktionen (und Filtern) von der Ausgangsstellung aus arbeiten, lernen Sie Photoshop und seine Fähigkeiten schnell und gut kennen und werden selbst einschätzen können, wann welches Werkzeug und welche Funktion angebracht ist.

Unscharf Maskieren

Der Filter *unscharf Maskieren* ist ein digitalisiertes Verfahren, das ursprünglich aus der Reprotechnik stammt. Dabei wird das unscharfe Bild mit einem noch unschärferen Bild kombiniert. Dadurch werden die Konturen erhöht und wirken dann schärfer.

> **Hinweis**
>
> Zu starke Schärfung „verschlimmbessert" ein Bild nur. Die Bearbeitung durch die Software ist dann nicht mehr zu übersehen. Besonders wenn der Kontrast zu stark erhöht wird, verschwinden zunehmend die Farbverläufe, was sehr unnatürlich aussieht.

4. Tipps & Tricks

Wie Sie mit der Funktion *unscharf Maskieren* richtig umgehen, erfahren Sie in der folgenden Schritt-für-Schritt-Anleitung:

1. Öffnen Sie das Bild, das bearbeitet werden soll, oder Scannen Sie es ein, falls noch nicht geschehen. Achten Sie dabei auf eine ausreichend hohe Auflösung.
2. Wählen Sie *Filter > Sharpen (Scharfzeichnen) > Unsharp Mask (unscharf Maskieren)*.
3. In der nun erscheinenden Dialogbox können Sie bei drei Optionen Einstellungen festlegen. *Amount (Stärke)*, *Radius* und *Threshold (Schwellwert)*.

Hinweis

Mit der Option *Stärke* legen Sie die Erhöhung des Pixelkontrastes fest. Am besten ist hier ein Wert zwischen 100 und 200%. Für den *Radius* sollte der Wert nicht viel größer als 2,5 bis 3 sein. Für Bilder mit einer Auflösung von 72 dpi wären zum Beispiel 1,5 zu empfehlen. Mit dem *Radius* werden die Pixel bestimmt, die um ein Kantenpixel liegen und so geschärft werden. Mit der Auflösung sollte auch der Radius abnehmen, um unschöne Ergebnisse zu vermeiden. Um in Bereichen mit niedrigen Kontrasten den Farbverlauf zu erhalten, muss der Schwellenwert richtig eingestellt werden. Geben Sie für den Schwellenwert *0* ein, wird kein Pixel scharf gezeichnet, je höher also der Schwellenwert, desto höher ist auch die Anzahl der von der Schärfung betroffenen Pixel.

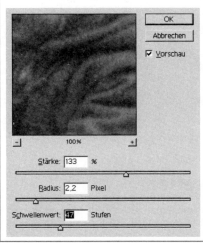

4. Bestätigen Sie die Einstellungen mit *OK*.

Tipp

Wenden Sie diesen Filter bei Bedarf auch mehrmals nacheinander an. Dies bringt möglicherweise bessere Ergebnisse, als die Werte gleich zu hoch anzusetzen.

Konturen scharf zeichnen

Ein weiterer Filter aus dem Menü der Scharfzeichnungsfilter ist der *Konturen Scharfzeichnungsfilter (Sharpen Edges)*. Dieser zeichnet beidseitig einer Kontur eine helle und eine dunkle Linie. Daraus resultiert eine gewisse Kantenschärfung. Der Einsatz dieses Filters ist jedoch nur mit Vorsicht zu genießen. Wichtige Bildinformationen gehen dabei verloren.

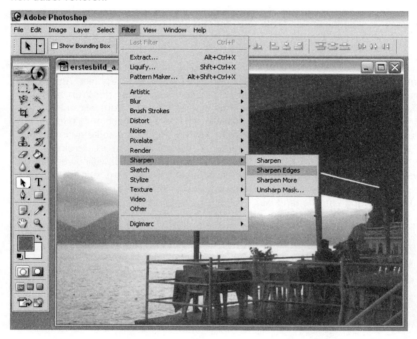

Für den Filter Konturen scharf zeichnen *ist ein vorsichtiger Einsatz zu empfehlen.*

Eine Fotomontage erstellen

Photoshop eignet sich natürlich nicht nur zum Bearbeiten und Verbessern von schlechten oder beschädigten Fotos, sondern auch zum Erstellen von Fotomontagen und Collagen. Wie man mit wenigen Schritten und relativ einfach eine solche Montage erstellt, wird im Folgenden ausführlich erklärt:

1. Wenn Sie eine Fotomontage erstellen wollen, benötigen Sie immer mindestens zwei Bilder. Öffnen Sie diese über *File (Datei) > Open (Öffnen)*.

4. Tipps & Tricks

2. Öffnen Sie die Ebenen-Palette über das Menü *Window (Fenster)* > *Layers (Ebenen)*. Wählen Sie das Bild aus, das die Hintergrundebene bilden soll. In unserem Beispiel ist es das Bild mit dem Rohr.

3. Um das andere Bild in das erste Bild einzufügen, wählen Sie zunächst das *Move Tool (Verschiebewerkzeug)* aus der Werkzeugleiste aus. Das geht am schnellsten mit der Taste [V].

4. Klicken Sie dann in das Bild, das in das andere eingefügt werden soll, und ziehen Sie es hinüber. Lassen Sie anschließend die Maustaste los. Photoshop erstellt dazu eine neue Ebene.

5. Schieben Sie die beiden Bilder so aufeinander, bis Sie deckungsgleich sind.

6. Regeln Sie jetzt die *Deckkraft (Opacity)* des zweiten Bildes so weit herunter, bis das andere darunter zu sehen ist.

7. Wählen Sie nun die *Auswahlellipse (Elliptical Marquee Tool)* aus der Werkzeugleiste aus. Auch hierzu gibt es eine Taste: [M].

Hinweis

Es muss zuvor das Werkzeug ausgewählt sein, da über diese Taste zwei verschiedene Auswahlwerkzeuge ausgewählt werden können, die sich alle an derselben Stelle in der Werkzeugleiste befinden wie die Auswahlellipse. Um das entsprechende Werkzeug auszuwählen, klicken Sie, mit der rechten Maustaste, auf das Symbol *Rectangular Marquee Tool (Auswahlrechteck)*. Wählen Sie dann das benötigte Werkzeug aus. Wenn Sie mehrere Auswahlwerkzeuge kombinieren, halten Sie die [⇧]-Taste gedrückt, während Sie weiter Auswahlbereiche erstellen. So wird dann der bestehende Auswahlbereich nicht wieder gelöscht.

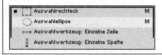

8. Erstellen Sie mit den Auswahlwerkzeugen eine Auswahl. Diese wird später ausgeschnitten, sodass nur noch der Bereich übrig bleibt, der für die Montage benötigt wird.
9. Wenn Sie die Auswahl soweit fertig gestellt haben, wählen Sie *Edit (Bearbeiten)* > *Cut (Ausschneiden)*, um den ausgewählten Bereich auszuschneiden.
10. Nun können Sie die *Deckkraft (Opacity)* nach Belieben wieder erhöhen. Dadurch ist nur noch der Teil der Hintergrundebene zu sehen, der in der darüber liegenden Ebene ausgeschnitten wurde.

Eine einfache Montage, schnell erstellt

Collagen und Fotomontagen müssen nicht aus zwei Bildern erstellt werden. Sie können fast beliebig viele dazu benutzen.

Fehlerhafte Stellen im Bild ausbessern

Auf dem folgenden Foto ist die Ufergestaltung unseres Teiches zu sehen. Ursprünglich war diese einmal fertig gestellt. Unser Hund war allerdings einmal der Meinung, dass sich einer der Steine, die zur Ufergestaltung des Teiches verwendet wurden, zum Spielen besser eignet. Mit seiner Aktion hat er gleich einen ganzen Teil der Ufergestaltung zum Einsturz gebracht. Damit der Teich wenigstens auf den Fotos einen vollendeten Eindruck hinterlässt, muss diese Stelle mit Photoshop bearbeitet werden.

Hier fehlt ein Teil der Ufergestaltung dieses Teiches.

Wie man solche Stellen mit Photoshop retuschieren kann, erfahren Sie in der folgenden Schritt-für-Schritt-Anleitung::

1. Öffnen Sie ein Bild, das Sie retuschieren möchten. Ideal sind Bilder dazu geeignet, bei denen Stellen retuschiert werden sollen, deren Muster schon irgendwo im Bild vorkommt. Um das Bild zu öffnen, wählen Sie *File (Datei) > Open (Öffnen)*.

2. Geben Sie den richtigen Pfad an und wählen Sie das Bild aus. Klicken Sie dann auf *OK*.

180 *Photoshop 7 zum Nachschlagen*

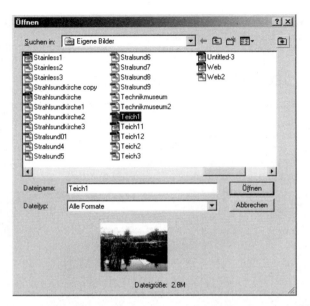

3. Vergrößern Sie mit der Lupe etwas die Stelle, die retuschiert werden soll. Wählen Sie dazu das Werkzeug *Zoom Tool (Lupe)* aus der Werkzeugleiste aus. Dies können Sie auch über die Taste ⓩ tun.

4. Wählen Sie dann aus der Werkzeugleiste *das Clone Stamp Tool (Kopierstempel)* aus. Alternativ können Sie auch die Taste Ⓢ benutzen.

5. Klicken Sie mit dem Mauszeiger mit der rechten Maustaste in das Bild.

6. Nun erscheint eine Dialogbox, in der Sie die Größe des Stempels und die Stempelart einstellen können. Wählen Sie einen Ellipsenförmigen aus und stellen Sie eine möglichst große Stempelgröße ein. Dies machen Sie mit dem Schieberegler.

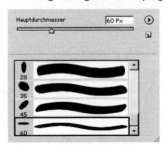

7. Definieren Sie nun eine Stelle, die als Vorlage für die zu retuschierende Stelle dienen soll. Dazu halten Sie die (Alt)-Taste gedrückt und klicken mit dem Mauszeiger, der nun ein Fadenkreuz ist, auf die Stelle, die als Vorlage dient.

4. Tipps & Tricks

8. Lassen Sie anschließend die [Alt]-Taste los.
9. Klicken Sie nun mit dem Stempelwerkzeug auf die zu bearbeitenden Stellen. Wenn dabei kleinere Lücken entstehen, ist das kein Problem, diese lassen sich später noch unauffällig beseitigen. Wichtig ist, dass an den Kanten der kopierten Stellen keine allzu großen Kontraste entstehen, sodass diese sichtbar werden. Das erfordert zwar etwas Übung, liefert aber dann ganz brauchbare Ergebnisse.
10. Um die kleineren Lücken zu füllen, wählen Sie nun das *Healing Brush Tool (Reparaturpinsel-Werkzeug)* aus. Dafür genügt ein Druck auf die Taste [J].
11. Definieren Sie nun wie mit dem Stempel die Vorlagestelle. Da der Reparaturpinsel etwas anders funktioniert als der Kopierstempel, ist es nicht so wichtig, dass dieser direkt ins schon vorhandene Muster passt. Lediglich der Helligkeitswert muss stimmen.
12. Retuschieren Sie nun die restlichen Stellen mit dem Reparaturpinsel.

Nach dem Retuschieren erkennt man auf den ersten Blick nichts von der Nachbearbeitung.

Mit Photoshop für das Internet arbeiten

Photoshop ist das bevorzugte Werkzeug für Webdesigner – und das mit Recht. Es können nicht nur Bilder für die Darstellung im Internet bearbeitet werden, sondern zahlreiche Effekte und Animationen – ja sogar ganze Webseiten. Einige dieser Techniken werden Ihnen in den folgenden Abschnitten vorgestellt. Dabei wird auch auf das Programm ImageReady 7.0 eingegangen, das mit Photoshop ausgeliefert und mitinstalliert wird.

Hintergrundbild für Webauftritt erstellen

Hintergründe für die Homepage kreieren

Hintergründe sind die Grundlage einer jeden Homepage. Zwar finden Sie zum Beispiel im Internet genügend vorgefertigte Hintergrundkacheln, jedoch ist Photoshop geradezu prädestiniert für das Erstellen eigener Hintergründe. Wozu also zu fremden Arbeiten greifen, wenn man ebenso gut eigene schaffen kann.

Beim Erstellen eines Hintergrundes sind eine Menge Regeln zu beachten:

- Achten Sie beispielsweise auf einen möglichst großen Kontrast zwischen Hintergrund und Vordergrund.
- Verwenden Sie einen dunklen – schwarzen oder blauen – Hintergrund, sollte die Schrift möglichst hell und als Attribut *Fett* generiert sein, da die Strichstärke heller Schrift auf dunklem Untergrund wesentlich feiner wirkt als umgekehrt.
- Vermeiden Sie allzu lebhafte oder bunte Hintergründe bei viel Text. Das ermüdet bekanntlich beim Lesen.
- Bedenken Sie, dass der Hintergrund zum Thema der Webseite passen muss. Ein idyllischer See oder ein Sonnenuntergang eignet sich in der Regel nicht, wenn die Seite physikalische Schwingungen und Wellen behandelt, wogen die Skyline einer Großstadt irritierend wirken würde, wenn der Artenschutz seltener Vögel auf der Internetseite behandelt würde. Viel eher sollte der Hintergrund den Inhalt der Homepage wiederspiegeln.

Hinweis

Ein Hintergrund aus Text sollte nur auf Seiten verwendet werden, die lediglich Bilder zeigen.

Einen Hintergrund aus Text erstellen

Wenn Sie im Internet lediglich eine Bildergalerie präsentieren wollen, ist ein Texthintergrund ein guter Kontrast zu den Bildern. Er lässt die Seite weniger langweilig erscheinen.

Um einen Texthintergrund zu erstellen, gehen Sie so vor:

1. Öffnen Sie ein neues Dokument, indem Sie *File (Datei) > New (Neu)* wählen.
2. Geben Sie einen Namen für den Hintergrund ein.
3. Geben Sie bei *Width (Breite) 12 cm* und *Height (Höhe) 8 cm* und bei *Resolution 72 pixels/inch* ein.

4. Tipps & Tricks

4. Bei *Mode:* sollte *RGB Color* eingestellt sein.
5. Bei *Contents (Inhalt)* wählen Sie *White (Weiß)*.

6. Bestätigen Sie mit *OK*.
7. Klicken Sie auf das Textwerkzeug [T] und ziehen Sie einen rechteckigen Bereich im Quadrat auf.
8. Wählen Sie eine Schriftart (z. B. *Tahoma*) und eine Schriftgröße (z. B. *36 pt*) aus.
9. Schreiben Sie den Text, den Sie als Hintergrund verwenden wollen.

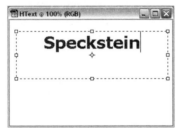

10. Speichern Sie dieses Bild über *File (Datei)* > *Save As (Speichern als...)* im *GIF*-Format ab.
11. Nach dem Klick auf *Speichern* müssen Sie noch einige Male mit *OK* bestätigen.

Der Hintergrund ist nun fertig. Um ihn auszuprobieren, müssen Sie eine kleine HTML-Datei erstellen. Öffnen Sie WordPad und geben Sie folgenden (oder ähnlichen) HTML-Code ein:

- `<HTML>`
- `<HEAD>`
- `<TITLE>Specksteinplastiken</TITLE>`
- `</HEAD>`
- `<BODY BACKGROUND="TextH.gif">`
- `</BODY>`
- `</HTML>`

Bei *BODY BACKGROUND* geben Sie den Dateinamen ein, unter dem Sie die Hintergrunddatei (*GIF*) abgespeichert haben. Speichern Sie diese Datei als Textdatei mit der Endung *.html* ab. Wenn Sie dann im Explorer doppelt darauf klicken, wird sie mit Ihrem Internet-Browser (Netscape, Opera, Microsoft Internet Explorer o.a.) geöffnet.

Ein Text als Hintergrund für die Webseite.

Hinweis

Ist ein gespeichertes Hintergrundbild kleiner als die Webseite, so wird es automatisch gekachelt, d. h. mehrfach aneinander gereiht.

Ein Bild als Hintergrund

Für eine Homepage einer Bildhauerin soll ein Hintergrund erstellt werden. Motiv dafür ist eine ihrer Plastiken (im Abschnitt über das Freistellen wurde sie bereits aus einem Foto herausgeschnitten). Sie können diese Übung auch mit anderen Motiven nachvollziehen, da es nicht auf das Motiv, sondern auf die Vorgehensweise ankommt.

Hinweis

Egal, was Sie für ein Bild benutzen, es sollte freigestellt und der Hintergrund transparent sein. Gegebenenfalls schlagen Sie im entsprechenden Abschnitt nach und erstellen ein passendes Motiv mit den angegebenen Voraussetzungen.

Das Motiv vorbereiten

1. Wählen *Sie File (Datei) > Open (Öffnen)* und suchen Sie das Bild aus dem entsprechenden Ordner aus.

2. Da für das Internet große Dateien sehr ungeeignet sind und auch nicht jedes Detail eines Hintergrundbildes erkennbar sein muss, sollte zunächst eine geringere Auflösung eingestellt werden. Wählen Sie *Image (Bild) > Image Size (Bildgröße)*.

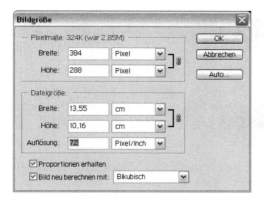

3. Geben Sie unter *Resolution (Auflösung) 72 pixels/inch* ein. Aus einer über 2 MByte großen Datei ist so ein kleines Bildchen mit einem Platzbedarf von etwas mehr als 100 KByte geworden. Allerdings kann es jetzt auch nicht mehr allzu groß dargestellt werden, da es sonst unscharf wirkt.

4. Wählen Sie aus der *Toolbar (Werkzeugleiste)* das *Crop Tool* (Freistellungswerkzeug).
5. Verkleinern Sie den Ausschnitt des Motivs, damit nicht allzu viel Randfläche (auch wenn sie transparent ist) bleibt.

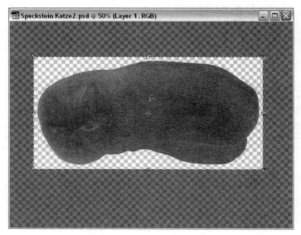

6. Wählen Sie in der Symbolleiste die Option *Hide (Ausblenden)* und bestätigen Sie dies mit der Schaltfläche *Commit current crop operation* ✓ *(Aktuellen Freistellungsvorgang bestätigen)*.

7. Wählen Sie nun *Help (Hilfe)* > *Export Transparent Image (Transparentes Bild exportieren)*.

8. Wählen Sie die Option *My image is on a transparent background (Mein Bild hat einen transparenten Hintergrund)*.

9. Bestätigen Sie mit *Next (Weiter)*.

10. Wählen Sie im nächsten Dialog die Option *Online* und klicken Sie erneut auf *Next (Weiter)*.

11. Wählen Sie als Dateiformat *GIF* und bestätigen Sie zweimal mit *Next (Weiter)* und einmal mit *OK*.

12. Im folgenden Dialog tragen Sie einen Dateinamen ein und bestätigen mit *Speichern*.

13. Prüfen Sie, ob im Dialog *Gif Options Normal* eingestellt ist und bestätigen Sie mit *OK*.

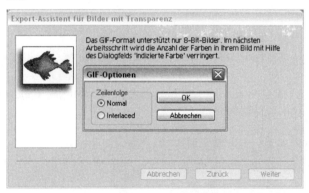

14. Die Meldung des Assistenten quittieren Sie mit *Finish (Fertig stellen)*.

Da das Ursprungsbild noch zur Verfügung steht, können Sie beide miteinander vergleichen. In der Regel wird das *GIF*-Bild an Qualität verloren haben. Für ein Hintergrundbild mag es aber reichen.

4. Tipps & Tricks

Das GIF-Abbild hat einen deutlichen Qualitätsverlust hinnehmen müssen.

Den Hintergrund fertig stellen

Das Motiv ist fertig. Nun muss noch der eigentliche Hintergrund erstellt werden. Gehen Sie dazu folgendermaßen vor:

1. Wählen Sie *File (Datei) > New (neu)*.
2. Geben Sie einen Dateinamen ein.
3. Tragen Sie Werte für *Width (Breite)* und *Height (Höhe)* ein. Prüfen Sie, ob die Maßangabe *cm* beträgt und korrigieren Sie dies gegebenenfalls.
4. Bei *Resolution (Auflösung)* sollte *72 pixels/inch* und bei *Mode (Modus) RGB Color (RGB-Farbe)* ausgewählt sein.
5. Bei *Contents (Inhalt)* sollte *White (Weiß)* ausgewählt sein.

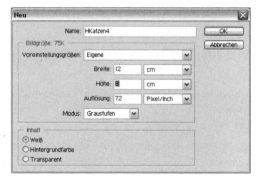

Ein neues Bild wird vorbereitet.

6. Klicken Sie in der Palette *Farben* auf das Register *Swatches (Farbfelder)*.
7. Wählen Sie eine Hintergrundfarbe aus. Sie sollte nicht zu dunkel sein. Für dieses Beispiel wurde ein ganz helles Grau gewählt.
8. In der *Toolbar (Werkzeugleiste)* klicken Sie mit der rechten Maustaste auf das *Rectangle Tool* (Rechteck-Werkzeug).

9. Aus dem Menü wählen Sie das *Rectangle Tool*.

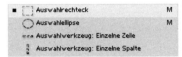

10. Nun wählen Sie aus dem Menü *Layer (Ebene) > New (Neu)* und aus dem Untermenü *Layer From Background (Auf Hintergrundebene reduzieren)* aus.
11. Geben Sie einen Namen für den Hintergrund ein und klicken Sie auf *OK*.

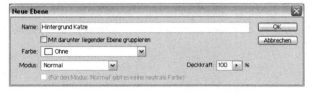

Eine neue Ebene für den Hintergrund

12. Klicken Sie nun mit dem Fadenkreuz in die linke obere Ecke, halten Sie die linke Maustaste gedrückt und ziehen Sie das Rechteck bis in die untere rechte Ecke. Lassen Sie nun die Maustaste los.
13. Klicken Sie nun in das Bild mit dem Hintergrundmotiv.
14. Wählen Sie *Select (Auswahl) > All (Alles)*.
15. Wählen Sie *Edit (Bearbeiten) > Copy (Kopieren)*.
16. Klicken Sie in die noch leere, einfarbige Hintergrundfläche und wählen Sie *Edit > Paste (Einfügen)*.
17. Photoshop platziert das Motiv direkt in der Mitte. Das können Sie akzeptieren oder korrigieren. Wählen Sie das *Move Tool* (*Auswahl-Werkzeug*) in der *Toolbar (Werkzeugleiste)* durch Anklicken aus.
18. Fassen Sie das Bild und ziehen Sie es an eine andere Stelle im Hintergrundausschnitt, z. B. nach rechts unten.
19. Öffnen Sie das Menü *File (Datei) > Save As (Speichern unter)* und speichern Sie es im *GIF*-Format ab.

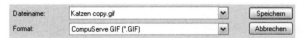

20. Sie müssen nach dem Klick auf *Speichern* noch einige Male *OK* anwählen.

Den Webhintergrund ausprobieren

Der Hintergrund ist nun fertig. Um ihn auszuprobieren, müssen Sie wieder eine kleine HTML-Datei erstellen. Öffnen Sie WordPad und geben Sie folgenden (oder ähnlichen) HTML-Code ein:

- <HTML>
- <HEAD>
- <TITLE>Specksteinplastiken</TITLE>
- </HEAD>
- <BODY BACKGROUND="HKatzen4.gif">
- <H1>Rosemarie Radke</H1>
- <H2>Specksteinplastiken</H2>
- </BODY>
- </HTML>

Speichern Sie diese Datei als Textdatei mit der Endung *.html* ab. Wenn Sie dann im Explorer doppelt darauf klicken, wird sie mit Ihrem Internet-Browser (Netscape, Opera, Microsoft Internet Explorer o.a.) geöffnet.

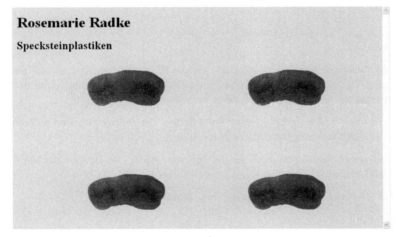

Der Hintergrund im Test

Hinweis

Dieser Hintergrund im Beispiel ist nicht optimal. Das Motiv ist zu dunkel und tritt zu deutlich hervor. Man könnte jetzt mit farbiger Schrift arbeiten, damit die Motivbilder auch überschrieben werden können. Besser wäre es aber, das Motiv vorher aufzuhellen. In diesem Beispiel wurde das nicht gemacht, damit die Schritte nicht zu umfangreich wurden und in den Abbildungen das Ganze noch gut nachzuvollziehen war. Sie finden das Aufhellen von Bildern an anderer Stelle in diesem Buch erklärt (*Kapitel 3: Mit Photoshop arbeiten*).

Eine Bildergalerie fürs Web aufbauen

Bereits in *Kapitel 2: Photoshop installieren, einrichten und kennen lernen* wurde kurz dargestellt, wie ein Bild für das Internet vorbereitet wird. Was man mit einem Bild kann, lässt sich auch für viele Bilder umsetzen. Einige Abschnitte vorher in diesem Kapitel wurde bereits eine Webgalerie erwähnt. Folgen Sie der nachfolgenden Schritt-für-Schritt-Anleitung und Sie haben als Ergebnis eine kleine Bildergalerie, die Sie im Internet veröffentlichen können.

Die Fotogalerie automatisch erstellen

Sie sollten einige Bilder auf Ihrem Computer gespeichert haben, um die Schritt-für-Schritt-Anleitung nachvollziehen zu können.

1. Zur weiteren Vorbereitung sollten Sie zwei Ordner definieren: einen, in den Sie die Bilder kopieren, die später als Webgalerie angezeigt werden sollen, und einen, in den Sie die Galerie speichern.

2. Wählen Sie *File (Datei)* > *Automate (Automatisieren)* > *Web Photo Gallery (Web-Fotogalerie)*.

3. Zunächst stellen Sie bei *Styles (Stile)* ein, wie die Bildergalerie aussehen soll. Sie können aus der Liste unterschiedliche Typen wählen und sie rechts (unterhalb der Schaltflächen *OK* und *Cancel*) in einer Vorschau betrachten.

4. Stellen Sie unter *Browse (Durchsuchen)* den Ordner ein, der die Grafiken enthält, die in die Webgalerie aufgenommen werden sollen.

5. Stellen Sie unter *Destination (Ziel)* ein, in welchen Ordner alle Dateien der Webgalerie (HTML und Grafiken) abgelegt werden sollen.

6. Ergänzen Sie gegebenenfalls die Daten unter *Options*.

7. Klicken Sie auf *OK*.

Adobe Photoshop wird eine Weile beschäftigt sein. Die Bilder werden geladen und entsprechend aufbereitet und konvertiert und das HTML-Skript wird erstellt. Ist Photoshop fertig und ist alles im Zielordner gespeichert, so wird der Internet Explorer gestartet und die Galerie gezeigt.

> **Hinweis**
>
> Startet Ihr Browser aus irgendeinem Grund nicht, so gehen Sie in das Verzeichnis, in das Photoshop die Galerie abgelegt hat und wählen die Datei *Index.htm* aus. Nach einem Doppelklick sollte der Browser mit dieser Datei starten. Alternativ können Sie auch den Browser starten und über *Datei > Öffnen* die HTML-Datei *Index.htm* laden.

4. Tipps & Tricks

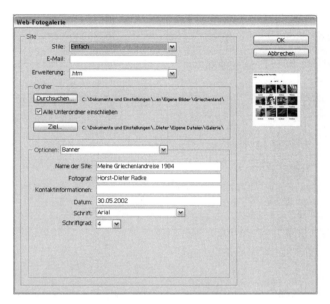

Ist alles für die Webgalerie eingestellt?

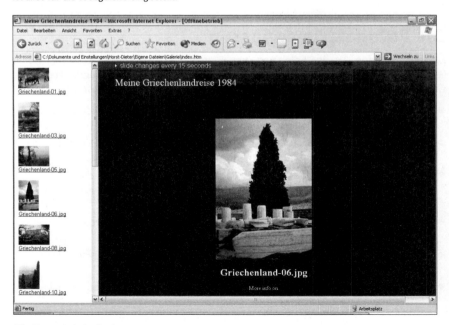

Die Fotogalerie ist fertig.

Schalten Sie im Internet Explorer auf *Ansicht > Quelltext* oder öffnen Sie eine der HTML-Dateien mit einem Editor, so werden Sie den kompletten Quelltext – allerdings in einer etwas unübersichtlichen Form – finden. Sie können Ihn weiter verarbeiten oder aus einer anderen HTML-Seite heraus einen Link auf diese Webgalerie (Achtung: Link auf *Index.htm*) legen.

Der Quellcode des Webfotoalbums

Hinweis

Beachten Sie, dass Photoshop über diese automatische Option zur Erstellung einer Fotogalerie nur Bilder im *JPEG*-Format unterstützt.

Die Fotogalerie anpassen

Die beschriebene Art der Fotogalerieerstellung macht den Eindruck, als ob wenig Gestaltungsspielraum gegeben ist. Das ist nicht ganz richtig. Im Dialog *Web Photo Gallery* gibt es noch weitere Einstellungs- und Anpassungsmöglichkeiten.

- Wählen Sie aus der Liste bei *Options*: *Larage Images (Galeriebilder)* aus. Sofort ändern sich die Einstellmöglichkeiten:
- Über *Resize Images (Bilder skalieren)* können Sie die Größe der einzelnen Bilder anpassen.
- Bei *Constrain* legen Sie fest, ob sich die Änderungen auf Höhe, Breite oder beides beziehen. Letzteres ist zu empfehlen, da bei einseitiger Veränderung Verzerrungen im Bild auftreten können.
- Die Bildqualität stellen Sie über *JPEG Quality* oder den Schieberegler bei *File Size (Datei-Größe)* ein.
- Die Rahmengröße legen Sie bei *Border Size (Rahmengröße)* fest. Eine *0* steht für *Keinen Rahmen*.
- Unter *Titles Use* legen Sie fest, ob ein Titel benutzt wird und woraus er besteht. Standardmäßig ist *Filename* vorgegeben.
- *Font* und *Font Size* legen die Schriftart und -größe bei den Bildern fest.

4. Tipps & Tricks

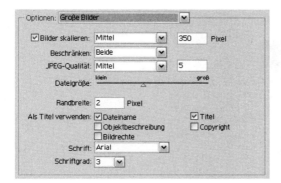

Hier legen Sie die Bedingungen für die Bilder fest.

Auf die gleiche Weise legen Sie die Einstellungen für die *Thumbnails (Galerie-Miniaturen)* fest. Die Farbeinstellungen werden über *Custom Colors (Eigene Farben)* festgelegt. Ein Klick auf eine Farbe öffnet den *Color Picker (Farbwähler)*, über den die Farben für Hintergrund, Banner, Text etc. eingestellt werden. Sie müssen also nicht hinnehmen, was an Voreinstellungen für die Fotogalerie von Photoshop vorgegeben wird, sondern können hier selbst gestalten.

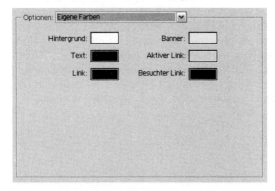

Auch die Farben bestimmen Sie selbst, wenn Ihnen die Vorgaben nicht gefallen.

Tipp

Im *Color Picker (Farbwähler)* sollten Sie die Option *Only Web Colors (Nur Webfarben)* aktiviert haben.

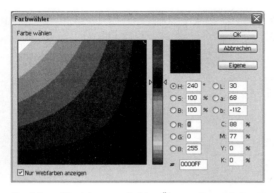

So sichern Sie sich gegen farbige Überraschungen ab.

Slices – oder wie man mit der digitalen Schere arbeitet

Das Internet ist immer noch ein zeitkritisches Medium. Zwar sind fast nur noch schnelle Modems verbreitet, ISDN hat eine gute Flächendeckung und DSL ist in manchen Gebieten schon gut vertreten. Trotzdem kann der Seitenaufbau zur Qual werden, wenn alle zur gleichen Zeit das Internet unsicher machen. Bilder sollen daher klein sein und schnell übertragen werden können. Manchmal braucht man aber trotzdem ein großes Bild. Eine Möglichkeit, große Bilder in einem sinnvollen Zeitverhalten aufzubauen, ist das Zerschneiden dieser Bilder in mehrere Einzelteile. So baut sich das Bild auf der Webseite des Anwenders stückchenweise – und manchmal fast parallel – auf. Man nennt diese Methode auch *Slices*.

Ein Slice erstellen

Um ein Slice zu erstellen, laden Sie das Bild, das Sie entsprechend behandeln wollen, in Photoshop oder ImageReady 7.0. Die folgende Anleitung bezieht sich aber auf die Arbeit mit Photoshop:

Hinweis

Prüfen Sie zunächst, ob im Menü *View (Ansicht)* die Optionen *Extras (Extra)* und *Snap (Ausrichten)* mit einem Häkchen versehen sind. Ggf. aktivieren Sie diese Optionen.

4. Tipps & Tricks

1. Klicken Sie auf das *Slice-Tool (Slice-Werkzeug)* in der *Toolbar (Werkzeugleiste)* und halten Sie die linke Maustaste einen Augenblick gedrückt.
2. Wählen Sie aus dem Menü *Slice-Tool* (Slice-Werkzeug) aus.
3. Ziehen Sie bei gedrückter Maustaste einen rechteckigen Streifen im Bild auf. Beginnen Sie damit am besten oben.

4. Wiederholen Sie das so oft, bis das gesamte Bild in Streifen zerlegt ist.
5. Ist das Bild nicht lückenlos zerschnitten, so wiederholen Sie Schritt 1 und wählen das *Slice Select Tool (Slice-Auswahlwerkzeug)*. Damit können Sie die einzelnen Slice-Streifen nachbearbeiten und anpassen.

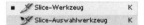

6. Speichern Sie das Bild mit den Slices ab *File (Datei) > Save as (Speichern unter)*.
7. Wählen Sie *Jump to (Springen) > Adobe ImageReady 7.0* oder betätigen Sie die Tastenkombination ⇧+Strg+M.

Photoshop speichert die Datei mit dem Namen der Ursprungsdatei und hängt an die einzelnen Streifen einen Unterstrich und zweistellige Nummern: _01, _02 usw. Wollen Sie das ändern, so gehen Sie folgendermaßen vor:

1. Klicken Sie mit der rechten Maustaste auf einen Slice und wählen Sie aus dem Kontext-Menü *Edit Slice Options (Slice Optionen bearbeiten)*.
2. Geben Sie einen Namen für das ausgewählte Bildstück bei *Name* ein.
3. Klicken Sie auf *OK*.
4. Wiederholen Sie die Schritte 1 bis 3 so lange, bis alle Stücke umbenannt sind.
5. Speichern Sie das gesamte Bild ab.

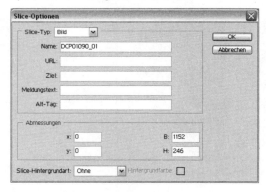

Sie können jedes Stück individuell benennen.

Ein Slice mit ImageReady weiter verarbeiten

Photoshop hat das Bild nach ImageReady übertragen. Sie können jetzt eine Vorschau in Ihrem Web-Explorer ausgeben und prüfen, ob das Zerlegen des Bildes so gut geklappt hat, dass es in einem Browser als ein Bild erscheint.

1. Wählen Sie *File (Datei)* > *Preview In (Vorschau)* > *Internet Explorer* oder drücken Sie die Tastenkombination [Strg]+[Alt]+[P] (ggf. wählen Sie über *Other (Andere)* Ihren individuellen Browser aus.
2. Prüfen Sie, ob das Bild vollständig wieder zusammengesetzt ist.
3. Scrollen Sie das Browser-Fenster nach unten: Sie werden dort einige Angaben zum Bild und den HTML-Code finden.

4. Tipps & Tricks

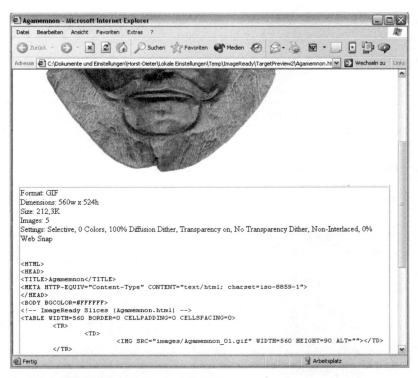

Auch den Code erzeugt ImageReady gleich mit.

ImageReady hat den HTML-Code erzeugt, mit dem das Bild in einem Browser wieder zusammengesetzt wird. Sie könnten Ihn kopieren und in Ihre HTML-Datei übernehmen. Bevor Sie dies aber tun, sollten Sie einige Vorkehrungen treffen, damit später das Bild auch wirklich angezeigt wird. Wenn Sie den HTML-Code prüfen, werden Sie feststellen, dass ImageReady als Pfad zu den Dateien einen Ordner *images* vorgegeben hat. Sie sollten aber hier den Pfad festlegen, der später tatsächlich die Bilddaten enthält.

Gehen Sie folgendermaßen vor:

1. Wählen Sie (in ImageReady) *File (Datei)* > *Output Settings (Ausgabe-Optionen)* > *Slices*.

2. Wählen Sie aus dem Dropdown-Menü unterhalb von *Settings (Einstellungen)* die Option *Saving Files (Dateien speichern)* aus.

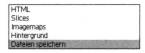

3. Bei *Optimized Files (Optimierte Dateien)* können Sie unter *Put Images in Folder (Bilder in Ordner ablegen)* die Bilder ablegen.
4. Klicken Sie auf *OK*.

> **Tipp**
>
> Wollen Sie noch mehrere Bilder für Ihre Website mit Photoshop und/oder ImageReady erstellen, so klicken Sie auf *Save* und geben einen Namen für diese Einstellungen an. Dann können Sie mit wenig Aufwand jedes Bild gleich richtig einordnen.

5. Klicken Sie auf das Register *4-Up (4fach)* und wählen Sie die Konvertierungsmethode aus. Sie finden die jeweiligen Bilddaten unterhalb der Bildvorschau. Dort können Sie u. a. die GIF-Konvertierungsmethode erkennen und das jeweilige Ergebnis, also z. B. den Platzbedarf.

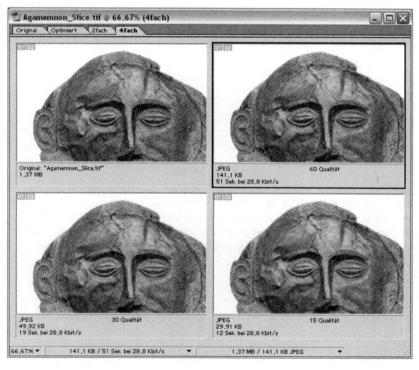

4. Tipps & Tricks

6. Wählen Sie aus dem Menü *File(Datei)* die Option *Save Optimized As... (Optimierte Version speichern unter)* oder drücken Sie die Tastenkombination [Strg]+[⇧]+[Alt]+[S].
7. Bei *Dateityp* stellen Sie *Images Only (*.gif)* ein.
8. Bei *Slices* wählen Sie *All Slices* aus.
9. Bei *Speichern in* stellen Sie den Zielordner ein und ...

10. ... klicken auf *Speichern*.

Hinweis

Slice-Dateien kann Photoshop allerdings nur im *GIF*-Format speichern.

Unterhalb der Bildvorschau in ImageReady finden Sie Angaben mit einem kleinen schwarzen Dreieck, das nach unten zeigt. Klicken Sie auf dieses Dreieck, so öffnet sich ein Menü, das die Auswahl von zahlreichen Optionen zulässt; z.B. die Darstellungsgröße im Fenster (Zoom) sowie die Auswahl der Angaben der Datenübertragung bei diesem Bild.

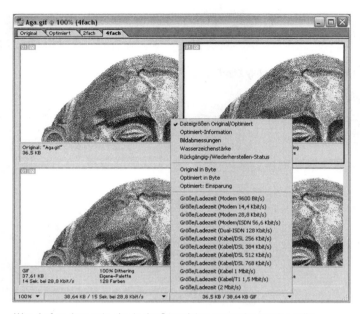

Was darf es denn sein, das in der Statusleiste angezeigt werden soll?

Ein Wasserzeichen erstellen

Sollen grafische Elemente auf einer Homepage verwandt werden, so können sich diese leicht als störend erweisen, insbesondere dann, wenn Sie eigentlich im Hintergrund stehen sollen. Hier bieten sich durchscheinende, grafische Elemente an, so genannte Wasserzeichen. Ein Wasserzeichen für eine Hintergrundseite ist mit Photoshop schnell erstellt. Sie benötigen eine Grafik (z. B. eine Zeichnung), um die folgende Schritt-für-Schritt-Anleitung nachvollziehen zu können. Sie können sich auch ein ClipArt auswählen, das mit unterschiedlichen Anwendungen (z. B. MS-Office oder MS-Works) geliefert wird.

> **Tipp**
>
> Wählen Sie eine Zeichnung mit weißem Hintergrund, dann müssen Sie diesen nicht mit einer hellen oder weißen Farbe füllen.

4. Tipps & Tricks

1. Öffnen Sie die Zeichnung, die zu einem Wasserzeichen umgewandelt werden soll.

2. Wählen Sie *Image (Bild) > Adjustments (Einstellen) > Replace Color (Farbe ersetzen)*.
3. Stellen Sie bei *Fuzziness (Toleranz)* einen Wert von *200* ein.
4. Aktivieren Sie das Kontrollkästchen vor *Selection (Auswahl)*.
5. Klicken Sie auf die erste Pipette und anschließend auf das Objekt im Bild, dessen Farbe verändert werden soll (im Beispiel das Blatt). In der Vorschau muss das Objekt weiß und der Hintergrund schwarz erscheinen.
6. Nehmen Sie nun eine Anpassung der Farbe über die Schieberegler bei *Farbton*, *Sättigung* und *Helligkeit* vor. Das Objekt sollte noch zu erkennen sein, aber nicht mehr zu deutlich im Vordergrund.

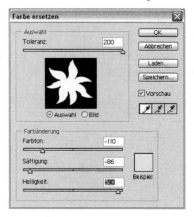

7. Bestätigen Sie abschließend mit *OK*.
8. Gegebenenfalls wählen Sie jetzt *Curves (Gradiationskurve)*.
9. Beeinflussen Sie das Bild über das Verändern der Kurve weiterhin, bis Sie ein befriedigendes Ergebnis erzielt haben, und bestätigen Sie mit *OK*.

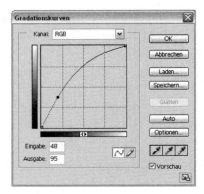

10. Wählen Sie *File (Datei) > New (Neu)*.
11. Geben Sie der Webseite einen Namen.
12. Stellen Sie bei *Width (Breite) 1.200 pixels* und bei *Height (Höhe) 900 pixels* oder eine beliebige andere Größe ein.
13. Legen Sie bei *Contents (Inhalt)* die Option *White (Weiß)* fest.
14. Klicken Sie auf *OK*.

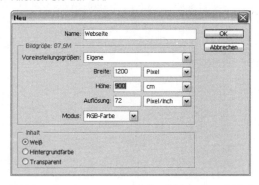

15. Wählen Sie das ursprüngliche Bild aus und klicken Sie auf *Select (Auswahl) > All (Alles auswählen)*. Um den Rand des Bildes läuft jetzt ein gestrichelter, beweglicher Rahmen.
16. Wählen Sie *Edit (Bearbeiten) > Copy (Kopieren)*.
17. Aktivieren Sie durch Anklicken das neue, noch leere Fenster.
18. Wählen Sie *Edit (Bearbeiten) > Paste (Einfügen)*. Photoshop setzt das Bild exakt in die Mitte.

4. Tipps & Tricks

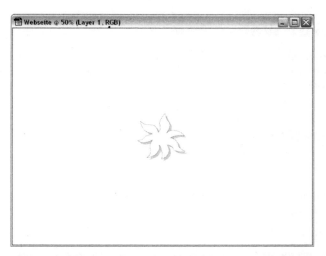

19. Aus dem Menü *File (Datei)* wählen Sie nun *Save for Web (Für Web speichern)*.
20. Stellen Sie bei *Settings (Einstellungen)* als Bildformat *GIF* ein.
21. Bei *Colors* reduzieren Sie die Farbanzahl auf *4* oder *8*. Das schafft eine kleine Datei, die schnell zu laden ist, und selbst noch Hintergrundfarben, die Sie evtl. festlegen (in diesem Beispiel nicht!).
22. Aktivieren Sie das Kontrollkästchen vor *Transparency (Transparenz)*.

23. Bestätigen Sie mit *OK* und *Speichern*.

Sie können die Datei jetzt in Ihren HTML-Code einfügen. Sie wird auf den unterschiedlichen Computerbildschirmen der Internetnutzer immer in der Mitte zu sehen sein, je nach Bildschirmgröße allerdings in angepasster Größe.

Tipp

Übertragen Sie die Datei nach ImageReady, so können Sie den Code direkt übernehmen und in Ihren HTML-Code einfügen.

Elemente für Webseiten

Photoshop ist hervorragend dafür geeignet, einzelne Elemente für die Webseiten zu gestalten. Zwar lassen sich mit einfachem HTML-Code auch solche Elemente definieren (z.B. Linien und Aufzählungszeichen), doch geben Sie in der Regel nicht viel her.

Eine Linie gestalten

Um eine interessante Linie als Effekt-Element für die Website zu gestalten, gehen Sie folgendermaßen vor.

1. Erstellen Sie eine neue Datei: *File (Datei)* > *New (Neu)* mit den Größen: *Width (Breite) 800 Pixel*, *Height (Höhe) 20 Pixel*.
2. Wählen Sie *Layer (Ebene)* > *New (Neu)* > *Layer (Ebene)*.
3. Klicken Sie auf das *Auswahlrechteck-Werkzeug* in der *Toolbar (Werkzeugleiste)*.
4. Stellen Sie in der kontextabhängigen Symbolleiste bei *Style (Art) Fixed Size (Feste Größe)* ein.
5. Legen Sie bei *Width (Breite) 790 px* (Pixel) und bei *Height (Höhe) 8 px* fest.

6. Klicken Sie in das Fenster. Es erscheint ein gestrichelter Bereich. Mit den Pfeiltasten können Sie die Positionierung (möglichst die Mitte wählen) verändern.
7. Klicken Sie auf das *Paint Bucket Tool (Farbeimer-Werkzeug)* und anschließend in die Auswahl.

> **Tipp**
>
> Alternativ können Sie die Auswahl auch über *Edit (Bearbeiten)* > *Fill (Fläche füllen)* mit eine Farbe füllen. Dazu muss aber das Füllwerkzeug in der Werkzeugleiste bereits aktiviert sein.

8. Wählen Sie *Select (Auswahl)* > *Deselect (Auswahl aufheben)*.
9. Aus dem Menü *Layer (Ebene)* wählen Sie *Layer Style (Ebenenstile)* > *Color Overlay (Farbüberlagerung)*.
10. Klicken Sie auf das Farbfeld neben *Blend Mode (Füllmethode)* und wählen Sie einen grauen Farbton aus.
11. Bei *Styles* aktivieren Sie *Texture* und wählen ein Muster aus.

4. Tipps & Tricks

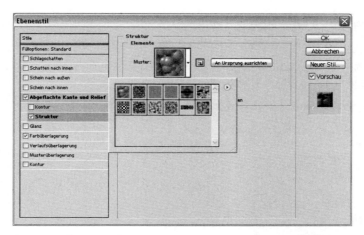

12. Aktivieren Sie noch *Gradient Overlay (Verlaufsüberlagerung)* und schließen Sie die Bearbeitung mit *OK* ab.
13. Um das Ergebnis richtig betrachten zu können, wählen Sie *View (Ansicht) > Zoom in*.
14. Um den Balken abzuspeichern, wählen Sie die Option *Save for Web (Für das Web speichern)* aus dem Menü *File (Datei)*.

Dieser Balken gibt mehr her als ein standardmäßig mit HTML-Code erstellter Balken.

Hinweis

Beachten Sie, dass ein Muster auch durch die zuvor ausgewählte Farbe beeinflusst wird.

Sie können dieses Vorgehen beliebig abwandeln, um zu ganz eigenen Kreationen zu kommen.

Einen Kreis gestalten

Eine Kreisfläche als Symbol können Sie nicht nur in Aufzählungen, sondern auch als Link benutzen. Der Gestaltung sind kaum Grenzen gesetzt. Die folgende Anleitung zeigt Ihnen eine einfache Variante.

1. Über *File (Datei) > New (Neu)* öffnen Sie den Dialog für ein neues Fenster.
2. Erstellen Sie eine Fläche von 40 x 40 Pixel (*Width: 40 px* und *Height: 40 px*).

3. Bestätigen Sie mit *OK*.
4. Öffnen Sie über *Window (Fenster)* die Option *Character (Zeichen einblenden)*.
5. Klicken Sie auf das *Textwerkzeug* [T] in der *Toolbar (Werkzeugleiste)* und anschließend in die noch freie Fläche.
6. Auf der Registerkarte *Character (Zeichen)* wählen Sie als Schriftart *Wingdings* aus.
7. Stellen Sie eine Punktgröße von *18pt* und eine blaue Farbe ein.

8. Tippen Sie nun als Text auf dem Nummernblock Ihrer Tastatur die Zahlen *0108* bei gedrückter [Alt] Taste ein.
9. Wählen Sie *Layer (Ebene) > Layer Stile (Ebenenstil) > Drop Shadow*.
10. Im Dialog *Layer Stile* aktivieren Sie außerdem noch *Outer Glow (Schein nach außen)* und *Texture* (suchen Sie ein passendes Muster aus).

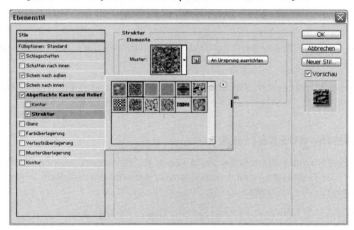

11. Bestätigen Sie mit *OK*.

Die Kreisfläche sieht jetzt ganz passabel aus.

Auch diese Grafik speichern Sie über *Save for Web (Für Web speichern)* als *GIF*-Datei ab.

Hinweis

Um diesen Kreis in einer Website einsetzen zu können, muss gegebenenfalls noch der Hintergrund an die Farbe der Website angepasst werden.

Weitere Zeichen erstellen

Mit der vorangegangenen Anleitung haben Sie übrigens nicht nur ein neues Kreissymbol erstellt, sondern passiv eine ganze Palette von neuen Symbolen. Probieren Sie es aus:

1. Markieren Sie den Kreis mit der Maus.
2. Drücken Sie die Tasten ⇧+Q.

Das Kreissymbol hat sich in ein Flugzeugsymbol verwandelt, das durchaus als originelles Zeigersymbol eingesetzt werden kann.

Aus einem Kreis ist mit wenigen Handgriffen ein Flugzeug geworden.

Tipp

Probieren Sie auf diese Weise einmal die gesamte Tastatur mit und ohne ⇧-Taste durch. Selbstverständlich können Sie über *Layer (Ebene) > Layer Style (Ebenenstile)* weiter an den Effekten des neuen Zeichens manipulieren.

Ein 3D-Rechteck gestalten

Die Gestaltungsmöglichkeiten sind aber nicht nur auf die Zeichenvorräte der Zeichensätze beschränkt.

1. Legen Sie eine neue Datei an: *File (Datei)* > *New (Neu)* mit den Größen 40 x 40 Pixel.
2. Öffnen Sie eine neue Ebene: *Layer (Ebene)* > *New (Neu)* > *Layer (Ebene)*.
3. Klicken Sie auf das *Rectangular Marquee Tool (Auswahlrechteck)*.
4. Stellen Sie bei *Style (Stil) Normal* ein.
5. Ziehen Sie im Fenster ein Rechteck auf. Wenn es nicht exakt positioniert ist, können Sie dies mit den Pfeiltasten vornehmen.

6. Klicken Sie in der *Toolbar (Werkzeugleiste)* auf das *Paint Bucket Tool (Farbeimer-Werkzeug)*.
7. Suchen Sie eine Farbe in der Palette *Color (Farbe)* aus.
8. Klicken Sie in die ausgewählte Fläche.
9. Wählen Sie *Select (Auswahl)* > *Deselect (Auswahl aufheben)* oder drücken Sie die Tastenkombination [Strg]+[D].
10. Öffnen Sie eine neue Ebene über das Menü *Layer (Ebene)* oder über die Tastenkombination [⇧]+[Strg]+[N].
11. Wählen Sie *Layer (Ebene)* > *Layer Stile (Ebenenstil)* > *Bevel and Emboss (Abgeflachte Kanten und Relief)*.
12. Stellen Sie bei *Style (Stil) Emboss (Relief)* ein.
13. Wählen Sie bei *Technique (Technik) Chisel Hard (Hart Meißeln)*.
14. Aktivieren Sie das Kontrollkästchen bei *Anti-aliased (Glätten)*.

4. Tipps & Tricks

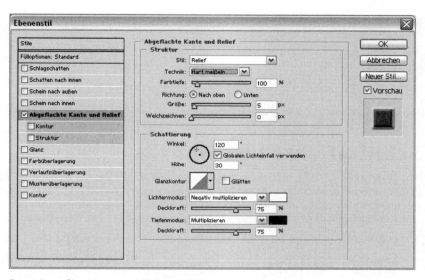

15. Bestätigen Sie mit einem Klick auf *OK*.
16. Speichern Sie die Grafik über *File (Datei)* > *Save for Web (Für Web speichern)* als *GIF*-Datei ab.

Aus einem schlichten Rechteck ist ein dreidimensionales Objekt mit Schatten geworden.

Wenn Sie ein wenig mit den Einstellungsmöglichkeiten im Dialog *Bevel and Emboss (Abgeflachte Kanten und Relief)* spielen, werden Sie interessante Effekte entdecken und zu Aufmerksamkeit heischenden Objekten kommen.

Neigen Sie zu extremen Darstellungen? Lieben Sie es, wenn die Objekte nicht so gleichförmig sind? Dann wählen Sie aus dem Menü *Edit (Bearbeiten)* die Option *Free Transform (Freies Transformieren)*. Das Objekt wird mit einem Rahmen und verschiedenen Ansatzpunkten versehen. Aktivieren Sie der Reihe nach alle Optionen aus dem Untermenü von *Free Transform*. Sie bekommen ein dreidimensionales Objekt, das Sie in der Realität kaum je so gesehen haben.

Das Objekt noch einmal – diesmal aber frei transformiert

Schrifteffekte fürs Web

Wie Texte wirkungsvoll mit Effekten versehen werden, wurde bereits an anderer Stelle in diesem Buch beschrieben. Mittels ImageReady können Sie aber auch wirkungsvolle Animationen mit Texten erstellen. Folgen Sie der Schritt-für-Schritt-Anleitung in diesem Kapitelabschnitt und Sie werden ähnliche Beispiele selbst erstellen können.

1. Erstellen Sie in ImageReady ein neues Dokument über *File (Datei)* > *New (Neu)*.
2. Legen Sie folgende Einstellungen fest: *Width (Breite)* 300 Pixels, *Height (Höhe)* 100 pixels, *Contents of First Layer: White (Weiß)* und bestätigen Sie mit *OK*.

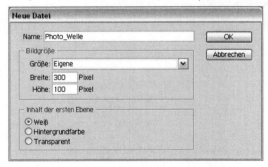

3. Aktivieren Sie das *Marquee Tool (Rechteck-Werkzeug)* in der *Toolbox (Werkzeugleiste)* oder drücken Sie die Taste [M].
4. Legen Sie bei *Style (Stil): Fixed Size (Feste Größe)* und *Width (Breite)* 280 Pixel, *Height (Höhe)* 80 Pixel fest.
5. Klicken Sie einmal in das neue Fenster und positionieren Sie das Rechteck mit den Pfeiltasten in der Mitte.

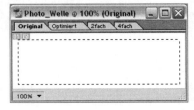

6. Wählen Sie in der Palette *Farbe* einen Farbton durch Anklicken aus (z. B. Blau)
7. Klicken Sie in der *Toolbar (Werkzeugleiste)* auf das *Paint Bucket Tool* (*Füllwerkzeug*) und anschließend in das Rechteck.
8. Wählen Sie aus der *Toolbar (Werkzeugleiste)* das *Textwerkzeug* [T].
9. Stellen Sie in der Symbolleiste die Schriftart *Tahoma*, eine Schriftgröße von *48 px*, linksbündige Ausrichtung und eine weiße Schriftfarbe ein.
10. Klicken Sie in das neue Rechteck und schreiben Sie *Photoshop* oder ein beliebiges anderes Wort (z. B. Ihren Namen).
11. Wählen Sie in der *Toolbar* das *Move Tool* (*Verschiebe-Werkzeug*) oder drücken Sie die Taste [V].
12. Ziehen Sie den Schriftzug in die Mitte des farbigen Rechtecks.

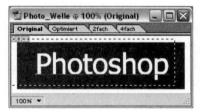

13. Kopieren Sie die Ebene über *Layer (Ebene) > Duplicate Layer (Ebene duplizieren)*.
14. Wiederholen Sie diesen Vorgang viermal. In der Ebenen-Palette sollten sich neben dem Original fünf Kopien befinden.

15. Schalten Sie alle Kopien durch Anklicken des Auges in der Ebenen-Palette aus.
16. Öffnen Sie das Animationsfenster über *Windows (Fenster) > Animation*.

17. In der Statusleiste des Animationsfensters finden Sie ein Symbol, das *Duplicates current frame (Dupliziert aktuellen Frame)* bedeutet. Drücken Sie dieses Symbol fünfmal.

18. Markieren Sie den ersten Frame im Animationsfenster durch Anklicken.
19. Markieren Sie die Originalebene in der Ebenen-Palette.
20. Aktivieren Sie das *Textverkrümmungswerkzeug* *(Create warped text)* in der Symbolleiste. (Das Textwerkzeug muss aktiviert sein!)
21. Stellen Sie bei *Style (Stil)* aus dem Pulldown-Menü *Wave (Welle)* ein und geben Sie bei *Bend (Biegung) 100%* ein. Klicken Sie auf *OK*.
22. Klicken Sie im Animationsfenster auf *2* und schalten Sie in der Ebenen-Palette das Original durch Anklicken des Auges aus.
23. Aktivieren Sie in der Ebenen-Palette die erste Kopie durch Anklicken des leeren Kästchens ganz links. Das Auge muss wieder sichtbar werden.
24. Klicken Sie auf das *Textverkrümmungswerkzeug* (siehe Schritt 20) und geben Sie bei *Style (Stil) Wave (Welle)* und bei *Bend (Biegung) 50%* ein.

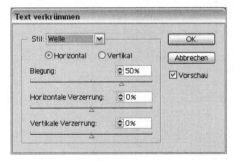

25. Wiederholen Sie die Schritte 22 bis 24 für alle Frames im Animationsfenster. Wählen Sie als Einstellungen bei Bend: *-50 %, - 100%, -50%, 50%*.

Hinweis

Wenn Sie im Animationsfenster einen neuen Frame anklicken, so springt in der E-benen-Palette immer beim Original das Auge auf. Bevor Sie die Ebene für den neuen Frame aktivieren, deaktivieren Sie das Auge beim Original.

26. Klicken Sie mit der Maus auf das kleine nach unten weisende Dreieck unter dem ersten Frame.

4. Tipps & Tricks

27. Wählen Sie im aufgeklappten Menü *0.5 seconds* aus. Das ist die Zeitdauer, die dieser Frame angezeigt wird.

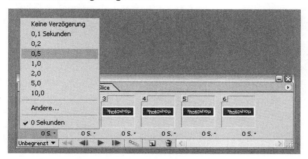

28. Wiederholen Sie Schritt 26 und 27 für jeden weiteren Frame.
29. Starten Sie die Animationen mit den Schaltflächen in der Statusleiste des Animationsfensters. Der Pfeil nach rechts startet die Animation und das Rechteck, das an der Stelle erscheint, beendet sie wieder.
30. Klicken Sie auf das Register *4-Up*, um das passende *GIF*-Format zum Abspeichern auszusuchen.
31. Wählen Sie im Menü *File (Datei)* die Option *Save Optimized As (Optimierte Version speichern)* oder drücken Sie die Tastenkombination [Strg]+[H]+[Alt]+[S].
32. Geben Sie der Datei einen Namen und speichern Sie diese mit dem Dateityp *Images Only (*.gif)* ab.

Sie können diese *GIF*-Animation später auch ohne ImageReady oder Photoshop aufrufen; die Animation wird immer abgespielt.

Auch ACDSee zeigt die Animation richtig an.

Teil 2
Referenz

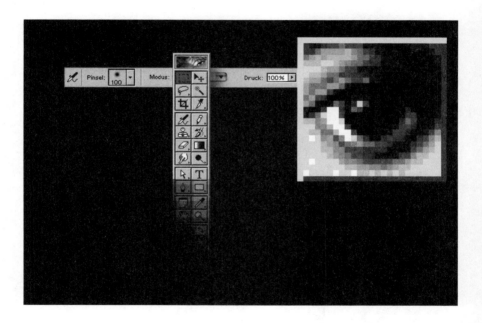

Teil 2
Referenz

Referenz

Aktion rückgängig machen

Wenn Sie an Ihrem Bild eine Veränderung vorgenommen haben, die Ihnen nicht gefällt, können Sie diese in Photoshop wieder rückgängig machen. Dazu wählen Sie *Edit (Beabeiten) > Undo (Rückgängig machen)*. Dies ist die oberste Funktion im *Edit*-Fenster. Die Funktion, die Sie rückgängig machen, wird dabei beschrieben, z. B. *Undo Invert*. Die *Undo*-Funktion können Sie auch mit der Tastenkombination [Strg]+[Z] bedienen.

Da Sie mit der *Undo*-Funktion immer nur einen Schritt rückgängig machen können, gibt es auch zusätzlich noch die Funktionen *Step Backward* und *Step Forward*. Mit diesen Funktionen können Sie alle vorgenommenen Einstellungen und/oder Veränderungen rückgängig machen bzw. nach dem Rückgängigmachen wieder aktivieren. Für diese beiden Funktionen gibt es die Tastenkombinationen [Strg]+[Alt]+[Z] (*Step Backward*) bzw. [Strg]+[⇧]+[Z] (*Step Forward*).

Arbeitsschritte rückgängig machen

Ist ein Ergebnis nicht zufriedenstellend muss man nicht gleich ganz von vorn beginnen. Über die Protokollfunktion kann jede Aktion wieder rückgängig gemacht werden. Schauen Sie in die Palette *History (Protokoll)*. Sie finden dort alle Arbeitsvorgänge der Reihe nach aufgeführt. Vor dem Letzten (Untersten) finden Sie einen Schieberegler. Fassen Sie diesen mit der Maus und schieben Sie ihn hoch, so werden alle darunter liegenden Arbeitsschritte zurückgenommen. Sie können auch einfach den Arbeitsschritt mit der Maus anklicken, der erhalten bleiben soll. Alle darunter liegenden Arbeitsschritte werden kursiv dargestellt und im Bild zurückgenommen.

Anders als im richtigen Leben kann vieles zurückgenommen werden.

Tipp

Ist bei Ihnen die *History*-Palette (*Protokoll*-Palette) nicht zu sehen, stellen Sie diese folgendermaßen ein: wählen Sie *Windows (Fenster) > History (Protokoll)*.

Auflösung

Unter Auflösung versteht man die Anzahl der Bildpunkte (auch: Pixel), aus denen ein Bild zusammengesetzt ist. Die Angabe dpi (dots per inch/Bildpunkte pro Zoll; 1 Zoll = 2,54 cm) gibt Auskunft über diese Auflösung. Je höher die Auflösung ist, desto besser sind Details zu erkennen. Das Verkleinern eines Bildes führt zu einer höheren Auflösung, das Vergrößern zu einer geringeren. Das können Sie erkennen, wenn Sie ein kleines Bild mehr als vierfach vergrößern. Dann sind bereits die Punkte zu erkennen, aus denen ein Bild zusammengesetzt ist. Je höher die Auflösung, desto größer ist auch die Bilddatei. Hierzu einige Richtwerte für ein Foto in der Größe von 9 x 13 cm:

Auflösung	Dateigröße s/w	Dateigröße Graustufe	Dateigröße RGB-Farben
72 dpi	12 KByte	95 KByte	0,3 MByte
72 dpi	12 KByte	95 KByte	0,3 MByte
300 dpi	200 KByte	1.620 KByte	4,9 MByte
600 dpi	820 KByte	6.600 KByte	20,0 MByte
1.200 dp	3.275 KByte	9.410 KByte	28,2 MByte
1.440 dpi	4.700 KByte	37.750 KByte	113,3 MByte

Auto-Tonwertkorrektur

1. Wählen Sie *Image (Bild) > Image Size (Bildgröße)*.
2. Passen Sie die Auflösung bei *Resolution (Auflösung)* an.
3. Bestätigen Sie mit *OK*.

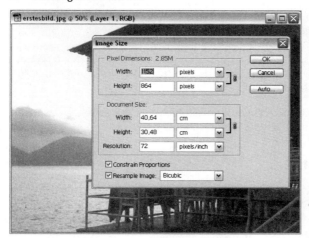

Die Auflösung lässt sich in Photoshop ...

Tipp

Über die Schaltfläche *Auto...* erreichen Sie den Dialog *Auto Resolution (Auto-Auflösung)*. Hier können Sie über die Standards *Draft (Entwurf)*, *Good (Mittel)* und *Best (Hoch)* die Auflösung für spezielle Zwecke automatisch anpassen.

... auch automatisch einstellen.

Auto-Tonwertkorrektur

Die Tonwertkorrektur (Gammakorrektur) ist eine Möglichkeit, sich den Originalfarben anzunähern. Die *Auto-Tonwertkorrektur* ist eine automatische Variante von Photoshop, für die Sie wenig mehr als ein paar Mausklicks brauchen. Nicht immer trifft diese Automatik das beste Ergebnis, aber bei einfachen Farbungenauigkeiten ist diese Funktion schon erstaunlich gut.

Um die *Auto-Tonwertkorrektur* durchzuführen, wählen Sie *Image (Bild)* > *Adjustments (Einstellen)* > *Auto Levels (Auto-Tonwertkorrektur)* oder drücken Sie die Tastenkombination ⇧+Strg+L.

Bei dieser Methode geht Photoshop folgendermaßen vor: Die Grenzwerte der weißen und schwarzen Pixel in der Grafik werden standardmäßig auf 0,5% gesetzt. Extreme Pixel werden herausgefiltert.

Tipp

Nutzen Sie die *Auto-Tonwertkorrektur* als erste Referenz, mit der Sie die manuelle Tonwertkorrektur vergleichen können.

Sie erreichen die *Auto-Tonwertkorrektur* übrigens auch aus der Dialogbox zur Tonwertkorrektur (*Levels*), wenn Sie auf die Schaltfläche *Auto* klicken.

Bild duplizieren

Soll ein Bild bearbeitet werden und möchten Sie vermeiden, dass das Original dabei zerstört wird, so erstellen Sie einfach ein Duplikat. Gehen Sie dazu folgendermaßen vor:

1. Wählen Sie *Image (Bild)* > *Duplicate (Bild duplizieren)*.
2. Geben Sie einen Namen für das Duplikat ein (Photoshop wählt den Originalnamen mit dem Zusatz *copy* als Vorschlag).
3. Klicken Sie auf *OK*.

Bilder drehen

Wenn Sie Fotos um 90 Grad oder 180 Grad verdreht eingescannt haben, können Sie diese mit Photoshop wieder in die richtige Lage bringen. Die entsprechende Funktion finden Sie unter *Image (Bild)* > *Rotate Canvas*. Wählen Sie dann aus, ob Sie das Bild um 180 Grad oder 90 Grad nach rechts oder links drehen möchten.

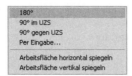

Wollen Sie das Bild um einen bestimmten Winkel drehen, so können Sie die Gradzahl für einen beliebigen Winkel unter *Image (Bild)* > *Rotate Canvas* > *Arbitrary* angeben.

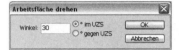

Bilder spiegeln

Mit der Funktion *Flip horizontal* können Sie ein Bild in horizontaler Ebene spiegeln. Diese Funktion finden Sie unter *Rotate Canvas*. Die Funktion *Flip vertikal* dient dem vertikalen Spiegeln.

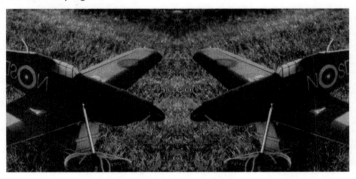

Datei-Browser

Der *File Browser (Datei-Browser)* ist in der Symbolleiste ganz rechts zu sehen. Er wird immer eingeblendet, unabhängig davon, welche Optionen – die von dem gewählten Auswahlwerkzeug abhängig sind – in der Symbolleiste eingeblendet werden.

Ein Klick auf das Register *File Browser (Datei-Browser)* oder die Anwahl im Menü *Window (Fenster)* > *File Browser (Datei-Browser)* öffnet diesen.

Im rechten Teil des Fensters werden die Bilder angezeigt. Oberhalb lässt sich der Pfad einstellen. Im linken Teil kann im oberen Drittel der Pfad allerdings auch aus dem Browser-Baum gewählt werden. Das jeweils ausgewählte Bild wird noch einmal im mittleren Drittel des linken Teils gezeigt. Darunter sind die Bilddaten einzusehen.

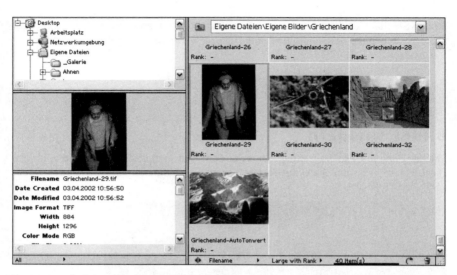

Etwas unscheinbar sind in den beiden Kontrollleisten noch einige Funktionen versteckt.

Mit den beiden Pfeilen neben *Filename (Dateiname)* kann der linke Teil des Browser-Fensters aus- und wieder eingeschaltet werden. Mit der Liste, die bei *Filename* ausgeklappt werden kann, lassen sich verschiedene Sortiereinstellungen wählen:

◆ *Filename (Dateiname)*: die Bilder werden nach Namen alphabetisch sortiert angezeigt.

◆ *Rank (Rangfolge)*: Die Bilder werden in einer Rangfolge sortiert gezeigt. Dazu muss diese aber definiert sein.

◆ *Width (Breite)*: Sortierung nach Breite

◆ *Height (Höhe)*: Sortierung nach Höhe

◆ *File Size (Dateigröße)*: Kriterium für die Sortierfolge ist die Dateigröße.

◆ *Resolution (Auflösung)*: Die Bildauflösung ist Sortierkriterium.

◆ *File Type (Dateityp)*: Sortierung nach Dateityp

◆ *Color Profile (Farbprofil)*: Sortierung nach Farbprofil

◆ *Date Created (Erstellungsdatum)*: Geordnet wird nach dem Erstellungsdatum.

◆ *Date Modified (Datum der letzten Änderung)*: Das Datum der letzten Änderung ist Sortierriterium.

◆ Copyright (Copyright)

Datei öffnen 223

Die Auswahlliste, die sich daneben ausklicken lässt, gibt Optionen für die Anzeige an. Voreingestellt ist *Large with Rank (Groß und Rangfolge)*. Es wird das Bild in einer passablen Vorschau gezeigt und darunter die *Rangfolge (Rank)* angegeben (falls vorhanden).

Das Symbol mit dem leicht gebogenen Pfeil zeigt an, dass damit die markierten Bilder gedreht werden können, und zwar um 90 Grad nach rechts. Halten Sie die (Alt)-Taste gedrückt, so wird um 90 Grad nach links gedreht.

Der Papierkorb daneben muss eigentlich nicht mehr erklärt werden. Die markierten Bilder werden nach einem Klick darauf gelöscht. Photoshop schiebt das Bild in den Windows-Papierkorb. Von dort kann es wieder hervorgeholt werden, solange der Inhalt nicht geleert wurde.

Datei öffnen

Über das Menü *File (Datei)* kommen Sie an den Dialog *Open (öffnen)*. Alternativ können Sie die Tastenkombination (Strg)+(O) benutzen. Es öffnet sich der unter Windows bekannte *Datei Öffnen (Open)*-Dialog.

Über *Suchen in:* stellen Sie den Pfad zum gewünschten Ordner ein. Unter *Dateityp* geben Sie das gewünschte Dateiformat an, um die Auswahl einzuschränken. Das Symbol *Zuletzt Verwendete Dateien* zeigt die Dateien an, die zuletzt bearbeitet wurden. *Desktop* gibt wieder, was dort an Verknüpfungen und Dokumenten abgelegt wurde. *Eigene Dateien* schaltet direkt in diesen Systemordner. *Arbeitsplatz* zeigt die Laufwerke des Computers an und *Netzwerkumgebung* erlaubt den Zugriff auf die Ressourcen des Netzwerks, falls der Computer in ein solches integriert ist.

Einen schnellen Zugriff auf die aktuell bearbeiteten Dateien erlaubt auch die Option *Open Recent (Letzte Dateien öffnen)* aus dem *File*-Menü.

Datei speichern

Über das Menü *File(Datei) > Save As (Speichern unter)* wird die geöffnete Bilddatei abgespeichert. Im Dialog ist in einem Fenster der Inhalt des eingestellten Pfades *(Speichern in)* dargestellt. Bilder sind in einer Vorschau zu sehen.

So speichert Photoshop.

Datei speichern für das Web 225

Es kann der Dateiname eingegeben oder aus einer Liste ausgewählt werden. Bei *Format* lässt sich das passende Dateiformat auswählen. Photoshop unterstützt neben eigenen auch zahlreiche andere, gängige Formate für Bilder. Im Bereich *Save Options (Optionen für Speichern)* können zusätzliche Angaben zum gespeicherten Format gemacht werden. Nicht für jedes Format stehen alle Optionen zur Verfügung. Werden bestimmte Einstellungen nicht unterstützt, so sind die Optionen grau hinterlegt.

Nach dem Klick auf die Schaltfläche *Speichern* folgt bei einigen Formaten noch ein weiterer Dialog. In diesem können formattypische Einstellungen (z. B. Wahl der Kompressionsmethode) vorgenommen werden. Erst nach einem Klick auf *OK* wird das Speichern durchgeführt.

Hier kann noch Kompression und Interpolation eingestellt werden.

Datei speichern für das Web

Um Bilder für das Internet zu speichern, genügt es eigentlich, das *JPG-* oder *GIF-*Format auszuwählen. (Das *PNG-*Format wird noch nicht von allen Browsern unterstützt!) Photoshop und auch ImageReady bieten in einem eigenen Menü erweiterte Speichermöglichkeiten für Bilder, die im Internet eingesetzt werden sollen, an. Aufgerufen wird diese Funktion über das Menü *File (Datei) > Save for Web (Für Web speichern)* oder über die Tastenkombination [Alt]+[⇧]+[Strg]+[S].

Das Bild wird über 4 Registerkarten dargestellt: Auf der ersten Registerkarte *Original* ist das Bild zu finden, wie es in Photoshop geladen ist. Unter dem Bild sehen Sie die Dateiinformationen und auch die Übertragungszeiten als Anhaltspunkt bei einem Modem mit mittlerer Geschwindigkeit (nicht jeder hat ISDN oder DSL und nicht immer sind im Internet die höchsten Durchsatzraten zu erzielen!). Möchten Sie trotzdem eine andere Übertragungsrate haben, so klicken Sie auf die kleine runde Schaltfläche mit dem schwarzen Dreieck rechts oberhalb der Bilder und wählen eine andere Übertragungsrate (*Download Time*) aus der Liste aus.

Mit welcher Übertragungsrate wird gerechnet?

Original und Fälschung!

Auf der Registerkarte *Optimized* ist das Bild bereits in einer für das Internet optimierten Form zu sehen. Sie können die Qualität und die Daten mit dem Original vergleichen, indem Sie umschalten. Etwas einfacher ist es, wenn Sie auf *2-Up (2fach)* klicken; dann stehen Ihnen Original und optimierte Fassung im Ausschnitt gegenüber. *4-Up (4fach)* zeigt sogar noch zwei weitere optimierte Fassungen an.

Rechts neben den Bildern können Sie selbst Hand anlegen und die Einstellungen für die Bildspeicherung vornehmen.

> **Hinweis**
>
> Über das Register *Image Size* können Sie auch die Bildgröße anpassen. Photoshop geht sonst immer davon aus, dass die vorliegende Bildgröße auch die ist, die im Web benötigt wird.

Dateiformate

Es gibt inzwischen zahlreiche Bildformate. Die Wichtigsten sind:

- **.bmp Bitmap:** Das bisher verbreitetste Pixelformat. Es wird in Windows für unterschiedliche Zwecke zu Grunde gelegt (z. B. für Hintergrundbilder und Icons). Es ist ein unkomprimiertes Format und die Dateien sind recht groß. Paintbrush, das Malprogramm aus Windows, arbeitet hauptsächlich mit diesem Dateiformat. Bitmap wird auch als Oberbegriff für pixelorientierte Dateiformate benutzt.

- **.gif Graphics Interchange Format**: Dieses Format wurde vor einigen Jahren von dem Online-Dienst CompuServe entwickelt und eingeführt. Es handelt sich um ein Grafikformat, das eine Kompression mit dem LZW-Verfahren durchführt. Die Farbbilder werden mit 256 Farben gespeichert und eignen sich auf Grund des geringen Dateiumfangs für das Internet.

- **.jpg Joint Photographic Experts Group-Format (auch: JPEG)**: Es handelt sich dabei ebenfalls um ein komprimiertes Format, bei dem die Farbinformationen über einen Algorithmus verringert werden. Ähnliche Farbtöne werden zusammengefasst. Es ist ebenfalls für die Darstellung von Bildern im Internet geeignet.

- **.pcd**: Ein von Eastman Kodak für die digitale Speicherung von Bildern auf Foto-CDs entwickeltes Grafikformat. Auf einer CD sind die Bilder dann in verschiedenen Auflösungen (meist 5) zu finden.

- **.pcx**: Dieses Format unterstützt eine Farbtiefe von bis zu 24 Bit und verwendet die RLE-Kompression. Es wird ebenfalls von dem Windows-Malprogramm Paintbrush unterstützt.

- **.png Portable Network Graphics**: Dieses Format wurde als Alternative zu *.jpg* und *.gif* entwickelt und kann TrueColor- und palettenbasierte Bilder speichern. Es konnte sich aber bisher noch nicht durchsetzen.

- **.psd**: Das Adobe Photoshop eigene Dateiformat. Es wird gleichermaßen auf dem Macintosh wie auch auf dem Windows-PC unterstützt und verwendet das RLE-Datenkompressionsverfahren.
- **.tga Targa-Format**: Ein auf allen bekannten Plattformen verfügbares Dateiformat für Bilder. Es zeichnet sich durch eine hohe Pixelauflösung und 32 Bit Farbtiefe aus. Dateikompressionsverfahren ist ebenfalls RLE.
- **.tif Tagged image file format**: Ein Standard für Pixelgrafiken vor allem für die Druckausgabe. Es werden Farbtiefen bis zu 32 Bit unterstützt und verschiedene Kompressionsverfahren, unter anderem auch LZW und RLE. Zu beachten ist aber, dass nicht jedes Grafikprogramm jede *TIFF*-Kompression entschlüsseln kann.

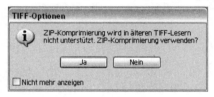

Vorsicht bei der Kompression!

Deckkraft einer Ebene ändern

Wenn mit mehreren Ebenen in einem Bild gearbeitet wird, kann es nötig sein, die Deckkraft einer Ebene zu verringern, um die darunter liegende Ebene durchscheinen zu sehen.

Die Deckkraft ändern Sie, indem Sie in der Ebenen-Palette unter *Opacity (Deckkraft)* einen Wert in Prozent für die Deckkraft angeben. Oder Sie regeln die Deckkraft über den Schieberegler, der eingeblendet wird, wenn Sie auf das schwarze Dreieck neben dem Textfeld klicken.

Mit dem Regler kann man die Deckkraft einstellen.

Drucken

Photoshop bietet im *File (Datei)*-Menü vier Optionen zum Druck des ausgewählten Bildes an:

- *Page Setup (Seite einrichten)* oder die Tastenkombination ⇧+Strg+P (siehe dazu das eigene Stichwort)
- *Print with Preview (Druck mit Vorschau)* oder die Tastenkombination Strg+P

Drucken 229

- *Print... (Druck...)* oder die Tastenkombination [Alt]+[Strg]+[P]
- *Print One Copy (Ein Exemplar drucken)* oder [Alt]+[⇧]+[Strg]+[P]

Über *Print* wird direkt in den *Drucken*-Dialog verzweigt. Sie können dort den Drucker auswählen und dessen Eigenschaften einstellen. Danach wird gleich gedruckt. Im *Eigenschaften*-Dialog sollte die Papierqualität eingestellt werden (bei Fotodruck z. B. das passende Papier für den Fotodruck) und die Qualitätseinstellungen für den Farbdruck ausgewählt werden (z. B. *Optimal*).

Hinweis

Die Einstellungen im *Drucken*- und *Eigenschaften*-Dialog unterscheiden sich je nach Druckertyp.

Print with Preview bietet die meisten Einstellmöglichkeiten. Außerdem sind die Auswirkungen der Einstellung gleich in einer Vorschau zu sehen. Über *Position* lässt sich das Bild exakt auf dem Druckmedium ausrichten. *Center image (Bild zentrieren)* sorgt für eine zentrierte Ausrichtung. Über *Top (Oben)* und *Left (Links)* können Einstellungen vorgenommen werden, wenn *Center image* nicht aktiviert ist. *Scaled Print Size* lässt eine Größenanpassung des Bildes zu. Die Regel sollte sein: lieber kleiner als größer machen, da bei Vergrößerungen die Bildqualität verringert wird.

Über *Show More Options (Weitere Optionen einblenden)* lassen sich weitere Einstellungsoptionen anzeigen. Es lassen sich Optionen für *Output (Ausgabe)* und *Color Management (Farbmanagement)* einblenden. Sie finden in *Kapitel 3: Mit Photoshop arbeiten* die Druckoptionen ausführlich erläutert.

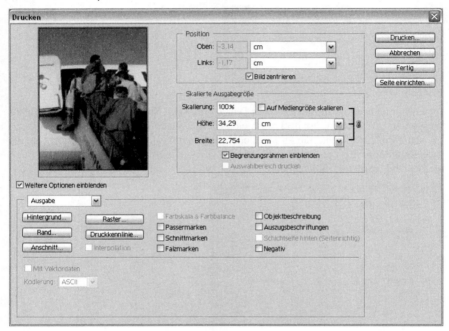

Farbbalance

Den Dialog für die Beeinflussung der Farbbalance erreichen Sie über *Image (Bild)* > *Adjustments (Einstellen)* > *Color Balance (Farbbalance)* oder die Tastenkombination (Strg)+(B).

Anders als bei der Gradiationskurve, in der Helligkeit und Kontrast der Farben angepasst werden, wird über den Dialog *Farbbalance* das Mischungsverhältnis der Farben beeinflusst.

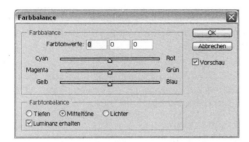

Drei Regler helfen bei der Anpassung des Farbmischungsverhältnisses von:

- Cyan - Red
- Magenta - Green
- Yellow - Blue

Unter *Tone Balance (Farbtonbalance)* stellen Sie ein, ob für Tiefen, Mitteltöne oder Lichter die Farbbalance eingestellt werden soll.

Hinweis

Haben Sie *Luminanz erhalten (Preserve Luminosity)* aktiviert, bleiben die Helligkeitswerte und Farben des Bildes unverändert.

Farbe ersetzen

Diese Funktion erreichen Sie über *Image (Bild) > Adjustments (Einstellen) > Replace Color (Farbe ersetzen)*.

Über das Motiv wird dabei eine Maske gelegt, die eine vorgegebene (vom Bild abhängige) Farbauswahl beinhaltet. Sie können (wie bei *Farbton* und *Sättigung*) mit den Schiebereglern die Farbersetzung steuern.

> **Tipp**
>
> Achten Sie darauf, dass das Kontrollkästchen bei *Preview (Vorschau)* aktiviert ist. Dann können Sie die Veränderungen im Bild direkt beobachten, bevor sie wirksam werden.

Unterhalb der Bildvorschau können Sie einstellen, ob Sie die Maskierung (*Selection/Auswahl*) oder das *Bild (Image)* in der Vorschau sehen wollen.

Farbtiefe

Mit *Farbtiefe* beschreibt man die Anzahl der Farben, die gleichzeitig am Bildschirm oder in einem Ausdruck dargestellt werden können. Eine realistische Farbtiefe ist dann gegeben, wenn das Bild vom menschlichen Auge als realistisch oder auch als naturgetreu empfunden wird. Für solch eine Darstellung müssen Monitor und/oder Drucker mindestens eine Farbtiefe von 24 Bit oder den so genannten TrueColor-Modus mit 16,7 Millionen Farben darstellen können. Das menschliche Auge kann 256 Helligkeitsstufen jeder der drei Grundfarben Rot, Grün und Blau wahrnehmen: 256 x 256 x 256 ergibt 16.777.216 Farbvarianten (=16,7 Millionen!).

Folgende Farbtiefen sind auf den modernen PCs möglich:

Farbtiefe	Farbe
1 Bit	Schwarz/Weiß
4 Bit	16 Farben oder Graustufen (auch indiziertes Farbmodell 4 Bit)
8 Bit	256 Farben oder Graustufen (indiziertes Farbmodell 8 Bit)
16 Bit	65.536 Farben (auch RGB-HiColor)
24 Bit	16,7 Mio. Farben (auch RGB-Echtfarben)
32 Bit	16,7 Mio. Farben + 256 Kontraststufen

Es gibt zwei Farbsysteme auf dem PC: das *RGB*- und das *CMYK*-Verfahren. Das additive *RGB*-Modell erzeugt Farben aus den Grundfarben Rot, Grün und Blau. Alle Farben zusammen ergeben Weiß. Dieses Verfahren wird für die Ausgabe der Bilder auf dem Bildschirm benötigt und auch die Scanner arbeiten meistens mit diesem Modell. Zur Speicherung wird ein *RGB*-Bild mit einer Farbtiefe von 24 Bit gespeichert.

Beim subtraktiven *CMYK*-Modell ergeben alle Farben (Cyan, Magenta, Yellow und Black) die Farbe Schwarz. Statt Rot, Grün und Blau wird Cyan (Blau), Magenta (Rot) und Yellow (Gelb) benutzt. Black (Schwarz) wird nur als Kontrastfarbe eingesetzt. Dieses Modell wird vor allem beim Druck eingesetzt. Die Bilder im *CMYK*-Modus benötigen eine Farbtiefe von 32 Bit (je 8 Bit pro Farbe).

Farbtiefe

Die Farbeinstellungen in Photoshop erreichen Sie über das Menü *Edit (Bearbeiten)* > *Color Settings* oder die Tastenkombination ⇧+Strg+K.

Die Farbeinstellungen in Photoshop

Direkt können Sie die Farbeinstellungen auch über das Menü *Image (Bild)* > *Mode (Modus)* vornehmen. Sie wählen einfach aus, ob das Bild im *RGB*- oder *CMYK*-Modus dargestellt und gespeichert werden soll.

Der Farbmodus kann aus dem Menü ausgewählt werden.

Neben dem *RGB*- und *CMYK*-Modell kennt Photoshop auch noch andere Farbmodelle, etwa das *Hue Saturation Brightness (HSB)*- oder das *L*a*b*-Farbmodell.

Farbton und Sättigung

Diese Funktion erreichen Sie über *Image (Bild) > Adjustments (Einstellen) > Hue/Saturation (Farbton und Sättigung)* oder die Tastenkombination [Strg]+[U].

Mit der Einstellung *Master (Standard)* bei *Edit (Bearbeiten)* wird immer der gesamte Farbbereich beeinflusst. Es lassen sich aber auch die einzelnen Farbtöne direkt beeinflussen, wenn Sie diesen aus der Liste auswählen.

Standard	Strg+~
Rottöne	Strg+1
Gelbtöne	Strg+2
Grüntöne	Strg+3
Cyantöne	Strg+4
Blautöne	Strg+5
Magentatöne	Strg+6

Es stehen drei Regler zur Verfügung, mit denen die Einstellungen jeweils stufenlos angepasst werden können:

- Der Regler bei *Hue (Farbton)* verändert die Farbe(n) im Bild.
- Der Regler bei *Sättigung (Saturation)* verändert die Farbsättigung der eingestellten Farbe(n) im Bild.
- Der Regler bei *Lab-Helligkeit (Lightness)* verringert die Farben im Bild (oder ausgewählten Bereich).

Tipp

Aktivieren Sie das Kontrollkästchen vor *Colorize (Färben)*, so wird das Bild mittels einer dominierenden Farbe angepasst.

Freistellen

Unter Freistellen versteht man das Ausschneiden von Bildteilen und das Löschen des Hintergrundes (bzw. des restlichen Bildes).

Freistellen 235

Um Bildbereiche auszuschneiden (also freizustellen) gehen Sie folgendermaßen vor:

1. Wählen Sie das *magnetische Lasso* aus der Werkzeugleiste (*Magnetic Lasso Tool*).
2. Umfahren Sie damit langsam den Bildbereich, den Sie freistellen wollen.
3. Beenden Sie den Vorgang mit einem Doppelklick.
4. Wählen Sie *Select (Auswahl) > Inverse (Auswahl umkehren)*.
5. Wählen Sie *Edit (Bearbeiten) > Cut (Ausschneiden)*.

Der freigestellte Bildteil steht Ihnen zur Verfügung.

Gradiationskurven

Sie finden diese Funktion über das Menü *Image (Bild)* > *Adjustments (Einstellen)* > *Curves (Gradiationskurven)* oder wählen Sie die Tastenkombination [Strg]+[M].

Ähnlich wie bei der Tonwertkorrektur können mit der Gradiationskurve alle Bereiche des Tonwertes bearbeitet und eingestellt werden. Eine Gradiationskurve, die von links unten nach rechts oben verläuft, weist auf ein bisher unbearbeitetes Bild hin.

Über die Schaltfläche *Auto* können Sie ein schnelles Ergebnis erzielen. Diese Funktion setzt dunkle Pixel auf schwarz, helle Pixel auf weiß und ignoriert Extremwerte. Es ist klar, dass dies keine überragenden Ergebnisse bringt. Andererseits kann dies schon mal die Ausgangssituation für eine manuelle Bildverbesserung sein.

- Ziehen Sie den Bereich für die Tiefen (linker unterer Bereich der Kurve) nach oben, so wird das Bild heller.
- Ziehen Sie den Bereich für die Lichter (rechter oberer Bereich der Kurve) nach unten so wird das Bild abgedunkelt.
- Veränderungen der Mitteltöne (mittlerer Bereich der Kurve) bringen einen höheren oder niedrigeren Kontrast, je nachdem, ob die Kurve nach oben oder unten verändert wird.

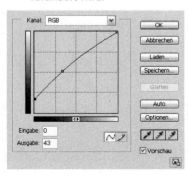

> **Hinweis**
>
> Über die drei Pipetten können Sie Tiefen, Mitteltöne und Lichter direkt beeinflussen.

Helligkeit und Kontrast

Eine schnelle Methode, ein Bild zu beeinflussen, ist die Funktion *Helligkeit und Kontrast (Brightness/Contrast)*. Sie erreichen diese Funktion über *Image (Bild) > Adjustments (Einstellen) > Brightness/Contrast (Helligkeit und Kontrast)*.

Da auf alle Pixel gleichzeitig und ziemlich einheitlich eingewirkt wird, sind die Ergebnisse aus dieser Bearbeitung nie optimal. Sie reichen aber bei manchen Bildern durchaus, um ohne weitere Bearbeitung ein besseres Ergebnis zu bekommen.

> **Tipp**
>
> Sie sollten diese Funktion eigentlich nur nutzen, wenn Sie den Eindruck haben, dass das Bild schon in Ordnung ist und nur noch ein kleines bisschen zur Besserung der Darstellung fehlt. Die besten Ergebnisse werden in solchen Fällen erzielt, wenn gegenläufig gearbeitet wird: Helligkeit erhöhen, Kontrast verringern oder umgekehrt.

Histogramm

Sie erreichen das Histogramm über das Menü *Image (Bild) > Histogram (Histogramm)*.

Das Histogramm ist ein Diagramm, in dem angezeigt wird, ob das Bild genügend Details besitzt. Im Diagramm werden von links nach Rechts die dunklen bis hellen Farbwerte angezeigt (x-Achse). Auf der y-Achse können Sie die Pixelanzahl erkennen. Über die Auswahl bei *Channel (Kanal)* können Sie die verschiedenen Grundfarben des Bildes auswerten: *Luminanz, Rot, Grün* und *Blau*.

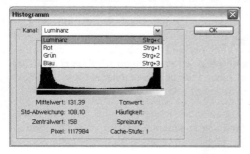

Sie erkennen unterhalb des Diagramms verschiedene statistische Angaben:

◆ *Mittelwert (Mean)* – durchschnittlicher Helligkeitswert
◆ *Standardabweichung (Std. Dev.)* zeigt an, wie weit die Werte abweichen (fluktuieren).
◆ *Zentralwert (Median)* – Mittelwert der vorhanden Pixel
◆ *Häufigkeit (Count)* – Gesamtzahl der Pixel im ausgewählten Bereich

Darüber hinaus werden Bildqualitätsinformationen ausgegeben:

◆ *Pixel (Pixels)* – alle Pixel, die für das Histogramm berücksichtigt werden
◆ *Tonwert (Level)* – Helligkeitsstufe des ausgewählten Bereichs
◆ *Spreizung (Percentile)* – Gesamtzahl der Pixel unterhalb der Helligkeitsstufe im ausgewählten Bereich
◆ *Cache-Stufe (Cache-Level)* – Einstellung für den Bildercache

Die vier Werte links werden immer angezeigt. Die vier Werte rechts werden nur angezeigt, wenn der Cursor im Histogramm ist. Die Werte beziehen sich dann auf die Stelle, an der der Cursor steht. Es lässt sich auch ein Bereich auswählen, für den dann insgesamt die Werte ermittelt werden.

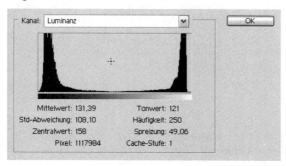

Interpolation

Wird ein Bild neu berechnet – z. B. bei einer Vergrößerung oder Verkleinerung des Bildes –, so wendet Photoshop dazu eine Berechnungsmethode an, die Interpolation genannt wird. Aus den vorhandenen Farbwerten werden dabei neue Farbwerte berechnet. Die Erhöhung oder Verringerung der Pixelanzahl soll dadurch ausgeglichen werden. Es gibt drei Interpolationsmethoden, die Sie über folgenden Dialog einstellen können:

1. Wählen Sie *Edit (Bearbeiten)* > *Preferences (Voreinstellungen)* > *General (Allgemein)*.
2. Öffnen Sie die Liste bei *Interpolation*.

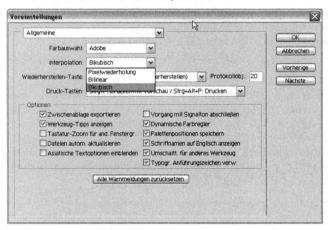

Standardmäßig ist *Bicubic (Better)* bzw. *Bikubisch* eingestellt. Dies ist die genaueste Interpolationsmethode. Allerdings benötigt die Berechnung auch ihre Zeit. *Nearest Neighbor (Pixelwiederholung)* berechnet ohne Kantenglättung neu.

Kompression

Es gibt inzwischen zahlreiche Dateiformate für die Speicherung von Bildern. Allgemein ist allen, dass sie viel Speicherplatz benötigen, mehr als beispielsweise eine einfache Textdatei. Zur besseren Übertragung von Bildern (über Datenträger oder das Internet) wurden Kompressionsverfahren entwickelt, die zu kleineren Dateien führen sollen. Allerdings leidet unter dieser Komprimierung auch die Bildqualität. Unkomprimierte Bilddateien sind z. B. *.bmp*- und *.pcx*-Dateien. Photoshop speichert Bilder – falls nicht anders angegeben – im eigenen Format *.psd*.

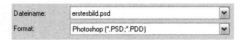

Photoshop hat ein eigenes Bildformat.

Dieses Format speichert komprimiert, ohne wichtige Bildinformationen zu verlieren.

Andere komprimierte Formate sind:

- *.eps:* geeignet für die komprimierte Speicherung von Vektorgrafiken
- *.gif:* insbesondere für Internetgrafiken geeignet. Verlustfreie Speicherung ist aber nur bei einem Modus mit maximal 256 Farben möglich.
- *.jpg, .jpeg:* Format, das für Fotos gut geeignet ist (so können viele Digitalkameras bereits in diesem Format auf ihren Datenträgern abspeichern). Es lassen sich bis zu 16,7 Millionen Farbtöne abspeichern. Qualitätsverluste beim Konvertieren in dieses Format sind trotzdem möglich (je nach Ausgangssituation).
- *.tif:* Kompressionsformat, das besonders für Druckerzeugnisse (z. B. Abbildungen in Büchern) gut geeignet ist

Man unterscheidet zwischen verlustfreier und verlustreicher Kompression. Bei verlustfreier Kompression werden die einzelnen Bildinformationen auf Gleichheit oder Ähnlichkeit untersucht und beim Speichern zusammengefasst, meist auf Grund von mathematischen Algorithmen. Bei der Dekomprimierung können dann die Daten wieder in den Ursprungszustand gebracht werden. Ein Unterschied zwischen unkomprimiertem und komprimiertem Bild ist kaum zu erkennen. Die bekanntesten Verfahren dieser Kompressionsart sind *LZW* und *RLE*.

Bei der verlustreichen Komprimierung werden auch ähnliche Bereiche in einem Wert zusammengefasst. Es kommt so bei einer Komprimierung zu einem Qualitätsverlust. Meist kann die Komprimierungsstufe bei solchen Verfahren fast stufenlos eingestellt werden. Bei schwacher Kompression ist kaum ein Qualitätsverlust zu erkennen; allerdings ist dann auch die Dateigröße nicht sehr geschrumpft. Dagegen ist der Qualitätsverlust bei starker Kompression sehr hoch, wogegen die Dateigröße sehr klein geworden ist. Das bekannteste verlustreiche Kompressionsverfahren ist *JPEG*.

Muster erstellen und anwenden

Um z. B. ein freigestelltes Objekt als Muster für einen Hintergrund festzulegen, gehen Sie folgendermaßen vor:

1. Klicken Sie auf das *Auswahlrechteck (Rectangular Marquee Tool)* in der Werkzeugleiste (Toolbar).
2. Legen Sie ein Rechteck um das Objekt.

Muster erstellen und anwenden

3. Wählen Sie *Edit (Bearbeiten) > Define Pattern (Muster festlegen)*.
4. Geben Sie einen Namen für das Muster ein und klicken Sie auf *OK*.

Das Muster kann auf alle geöffneten Bilder angewandt werden. Sie fügen das soeben erstellte Muster folgendermaßen ein:

1. Aktivieren Sie das entsprechende Fenster und gegebenenfalls die gewünschte Ebene.
2. Wählen Sie *Edit (Bearbeiten) > Fill (Fläche füllen)*.

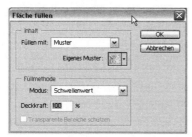

3. Wählen Sie bei *Contents (Inhalt) > Pattern (Muster)* aus.
4. Stellen Sie bei *Custom Pattern (Eigenes Muster)* das gewünschte Muster ein.

5. Wählen Sie bei *Mode (Modus)* eine entsprechende Methode und *Opacity (Deckkraft)* aus.
6. Bestätigen Sie mit *OK*.

Neue Funktionen in Photoshop 7.0

Die leistungsstarken Bildbearbeitungswerkzeuge von Photoshop 6.0 sind in dieser neuen Version noch einmal erweitert worden. Die Wichtigsten sind:

◆ Datei-Browser zum Anzeigen, Sortieren und Öffnen von Bildern

◆ Ein neuer Reparaturpinsel zum mühelosen Entfernen von Staub, Kratzern, Flecken und Falten, der automatisch Schattierungen, Lichteffekte und Strukturen beibehält

◆ Verbesserte Funktionen für Webseiten, um Bildkanten mühelos vollständig oder teilweise Transparenzeffekte zu verleihen, sodass sich die Bilder nahtlos in den Hintergrund der Webseite einfügen

◆ Eine verbesserte Rollover-Palette zur leichteren Verwaltung von Rollovers, Animationen und Imagemaps auf Webseiten

◆ Neuer „ausgewählter" Rollover-Status zum Erstellen noch raffinierterer Navigationsleisten für Webseiten, ohne manuell programmieren zu müssen

◆ Definition eines eigenen Arbeitsbereichs, in dem die Anordnung der Paletten und Werkzeugeinstellungen im Arbeitsbereich gespeichert und beim nächsten Programmstart wieder aufgerufen werden

◆ Neuer automatischer Farbkorrekturbefehl für eine zuverlässige Farbkorrektur

Neues Bild erstellen 243

- Neue Engine für Malwerkzeuge zum Simulieren traditioneller Maltechniken
- Mustererstellungsfunktion zum Erstellen realistischer oder abstrakter Muster wie Gras, Felsen und Sand, indem einfach ein Teil eines Bildes ausgewählt wird
- Optimiertes *Verflüssigen-/Verzerren*-Werkzeug, mit dem Sie andere Ebenen anzeigen, zoomen, einen Bildlauf durchführen und mehrere Arbeitsschritte rückgängig machen können. Sogar eigene Gitter können gespeichert und auf andere Dateien angewendet werden.
- Kennwortschutz zum Beschränken des Zugriffs auf *PDF*-Dateien, die in Adobe Photoshop erstellt wurden, und damit Bewahrung der Bildintegrität
- Integrierte Rechtschreibprüfung mit *Suchen*- und *Ersetzten*-Funktion und Rechtschreibprüfung in mehreren Sprachen in einer Datei
- Optimierte Bildpakete, mit denen mehrere Bilder auf eine Seite gedruckt, verschiedene Seitenformate gewählt und eigene Objektbeschreibungen wie Copyright-Hinweise oder Bildunterschriften hinzugefügt werden können
- Mehr Vorlagen für Webgalerien, mit denen mehrere Bilder problemlos online in einer Galerie veröffentlicht werden können. Bilder können mit Wasserzeichen und Copyright-Informationen versehen werden.
- Vollständige Kompatibilität mit Mac OS 9 und Unterstützung der neuesten Verbesserungen von Mac OS X und Microsoft Windows XP
- XMP-Unterstützung für das Einbetten von Metadaten in Anwendungsdateien, um Dateien in einem Workflow problemlos zu archivieren, zu automatisieren und weiterleiten zu können.

Neues Bild erstellen

Über das Menü *File (Datei)* können Sie ein neues leeres Bild erstellen. Dazu wählen Sie dann *New (Neu)*. In der Dialogbox können Sie den Namen eingeben, den das Bild erhalten soll. Im Bereich *Image Size (Bildgröße)* können Sie unter *Preset Size* voreingestellte Standardgrößen auswählen, z. B. *DIN A4*. Wenn Sie dort *Custom* einstellen, können Sie die Bildgröße individuell festlegen. Unter *Height* geben Sie die Höhe ein und unter *Width* die Breite. Zusätzlich kann die Maßeinheit für die Größe festgelegt werden.

Unter *Resolution (Auflösung)* stellen Sie ein, wie viele Bildpunkte (Pixel pro inch) enthalten sein sollen. Dieser Wert hat entscheidenden Einfluss auf die Bildqualität bzw. die Bearbeitbarkeit.

Eine weitere Einstellmöglichkeit ist der Farbmodus. Standardmäßig ist hier der *RGB*-Modus eingestellt.

Unter *Contents* legen Sie die Art des Hintergrundes fest. Sie haben hier die Wahl zwischen *White (Weiß)*, *Background Color (Hintergrundfarbe)* und *Transparent*. Ein transparenter Hintergrund wird weiß-grau gekachelt dargestellt.

Plugins

Photoshop lässt sich durch so genannte Plugins erweitern. Im Prinzip handelt es sich dabei um Filter, die bestimmte Effekte erzeugen können (z.B. 3D-Effekte). Es sind nicht nur Plugins von Adobe erhältlich, sondern auch von zahlreichen Fremdanbietern. Einige andere Grafikprogramme sind inzwischen auch in der Lage, Photoshop-Plugins zu benutzen. Insofern hat sich diese Technik zum Standard entwickelt.

Wollen Sie sehen, welche Plugins derzeit installiert sind, so wählen Sie *Help (Hilfe)* > *About Plug-In (Über Zusatzmodul)*. Es erscheint eine Liste mit den vorhandenen Modulen.

3D Transform...	Generic EPS...	Radial Blur...
Accented Edges...	Generic PDF...	Read Watermark...
Acrobat TouchUp Image...	Glass...	Resize Image...
ADM...	Glowing Edges...	Reticulation...
Angled Strokes...	Grain...	Ripple...
ASDStrm...	Graphic Pen...	Rough Pastels...
Bas Relief...	Halftone Pattern...	Save For Web...
BMP...	Ink Outlines...	Shear...
Chalk & Charcoal...	Lens Flare...	Smart Blur...
Charcoal...	Lighting Effects...	Smudge Stick...
Chrome...	Liquify...	Solarize...
Clouds...	Mezzotint...	Spatter...
Color Halftone...	MMXCore Routines...	Spherize...
Colored Pencil...	Mosaic Tiles...	Sponge...
CompuServe GIF...	Multi-Page PDF to PSD...	Sprayed Strokes...
Conditional Mode Change...	Multiprocessor Support...	Stained Glass...
Contact Sheet II...	Neon Glow...	Stamp...
Conté Crayon...	Note Paper...	Sumi-e...
Craquelure...	NTSC Colors...	Targa...
Crosshatch...	Ocean Ripple...	Texture Fill...
Crystallize...	Paint Daubs...	Texturizer...
Cutout...	Palette Knife...	Tiles...
Dark Strokes...	Patchwork...	Torn Edges...
De-Interlace...	Paths to Illustrator...	Twirl...
Detect Watermark...	Pattern Maker...	Underpainting...
Difference Clouds...	PCX...	Variations...
Diffuse Glow...	PDF Image...	Water Paper...
Displace...	Photo CD...	Watercolor...
Dry Brush...	Photocopy...	Wave...
Embed Watermark...	Picture Package...	Web Photo Gallery...
Export Transparent Image...	Pinch...	WIA Support...
Extract...	Pixar...	Wind...
Extrude...	Plaster...	Wireless Bitmap...
FastCore Routines...	Plastic Wrap...	ZigZag...
Film Grain...	PNG...	
Filmstrip...	PNG Icons...	
Fit Image...	Pointillize...	
Fresco...	Polar Coordinates...	
	Poster Edges...	

Diese Zusatzmodule sind installiert.

Wollen Sie wissen, von wem ein Plugin stammt und welche Aufgabe es hat, so können Sie es aus der Liste auswählen. Es erscheint dann ein Fenster, das die gewünschten Informationen ausgibt.

Seite einrichten

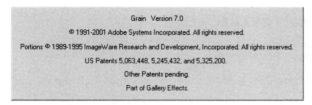

Quelle und Referenz des Moduls

Seite einrichten

Bevor gedruckt wird, sollten die korrekten Seiteneinstellungen vorgenommen werden. Dies wird erreicht über das Menü *File (Datei) > Page Setup... (Seite einrichten)* oder die Tastenkombination ⇧+Strg+P.

- Bei *Größe* stellen Sie das Papierformat ein, das Sie benutzen wollen.
- Bei *Quelle* legen Sie fest, aus welchem Schacht das Papier kommt, falls Ihr Drucker mehrere Einzugsquellen zur Verfügung hat.
- Bei *Orientierung* legen Sie fest, ob das Papier im Hoch- oder Querformat eingelegt ist.
- Ränder stellen Sie nur ein, wenn Sie ein benutzerdefiniertes Format haben bzw. wenn der Drucker eine Randeinstellung zulässt. Andernfalls ist diese Option grau hinterlegt und nicht auswählbar.

Mit *OK* schließen Sie die Einstellungen ab. Sie werden bis zur nächsten Änderung bei allen Druckaufträgen zu diesem Bild benutzt. Sie können über die Schaltfläche *Drucker* in einem speziellen Dialog einen Drucker auswählen (falls mehrere angeschlossen und/oder eingerichtet sind).

Selektive Farbkorrektur

Sie erreichen diese Funktion über *Image (Bild) > Adjustments (Einstellen) > Selective Color (Selektive Farbkorrektur)*.

Stellt sich bei einem Bild heraus, dass bestimmte Farben übermäßig vorhanden sind (etwa die roten Gesichter auf manchen Fotos), so kann dies mit dieser Korrekturmethode gezielt behoben werden. Selektieren Sie die Farbe, die im Bild zuviel vorhanden ist, und steuern Sie diese zurück.

> **Tipp**
>
> Gelegentlich ist es besser, die anderen Farben anzuheben, vor allem dann, wenn das Bild insgesamt schon sehr blass ist.

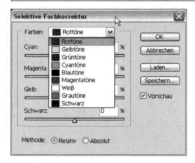

Slices

Damit Webseiten sich schneller laden und anzeigen lassen, werden große Bilder zerschnitten und beim Laden wieder zusammengesetzt. Diese Teilstücke eines Bildes nennt man Slices.

Sie erstellen ein Slice folgendermaßen:

1. Wählen Sie ein Bild aus und öffnen Sie es in Photoshop.
2. Klicken Sie auf das *Slice-Werkzeug*.
3. Wählen Sie das *Slice Tool (Slice-Werkzeug)* aus der Liste aus.

   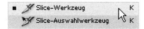

4. Ziehen Sie mit dem *Slice Werkzeug* (bei gedrückter linker Maustaste) Rechtecke auf, die aneinander grenzen (am besten oben beginnend).
5. Teilen Sie das Bild so in möglichst gleich große Rechtecke auf.

6. Falls ungenau gearbeitet wurde und Lücken enthalten sind, passen Sie diese mit dem *Slice Select Tool (Slice-Auswahl-Werkzeug)* an.

7. Speichern Sie das „zerschnittene Bild" über *Save as (Speichern unter)* ab.

8. Wählen Sie *File (Datei) > Jump To (Springen zu) > Adobe ImageReady 7.0* oder drücken Sie die Tastenkombination ⇧+Strg+M.

9. In ImageReady wählen Sie *File (Datei) > Preview In (Vorschau in) > Internet Explorer* oder drücken Sie die Tastenkombination Strg+Alt+P. Haben Sie einen anderen Browser installiert, klicken Sie auf *Others (Andere)*.

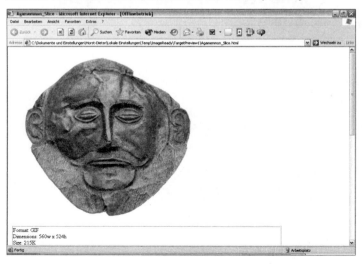

10. Sie bekommen den HTML-Text zu sehen, den ImageReady für die Vorschau erzeugt hat. Sie können ihn kopieren und direkt in Ihren HTML-Code übernehmen.

```
<HTML>
<HEAD>
<TITLE>Agamemnon_Slice</TITLE>
<META HTTP-EQUIV="Content-Type" CONTENT="text/html; charset=iso-8859-1">
</HEAD>
<BODY BGCOLOR=#FFFFFF>
<!-- ImageReady Slices (Agamemnon_Slice.html) -->
<TABLE WIDTH=560 BORDER=0 CELLPADDING=0 CELLSPACING=0>
        <TR>
                <TD>
                        <IMG SRC="images/Agamemnon_Slice_01.gif" WIDTH=560 HEIGHT=88 ALT=""></TD>
        </TR>
        <TR>
                <TD>
                        <IMG SRC="images/Agamemnon_Slice_02.gif" WIDTH=560 HEIGHT=68 ALT=""></TD>
        </TR>
        <TR>
                <TD>
                        <IMG SRC="images/Agamemnon_Slice_03.gif" WIDTH=560 HEIGHT=84 ALT=""></TD>
        </TR>
        <TR>
                <TD>
                        <IMG SRC="images/Agamemnon_Slice_04.gif" WIDTH=560 HEIGHT=80 ALT=""></TD>
        </TR>
        <TR>
                <TD>
                        <IMG SRC="images/Agamemnon_Slice_05.gif" WIDTH=560 HEIGHT=81
```

Hinweis

Slices lassen sich in Photoshop und in ImageReady erstellen. In Photoshop können Slices unterteilt, kombiniert, ausgerichtet und verteilt werden. ImageReady kann Slices verschieben, duplizieren, kombinieren, unterteilen, skalieren, löschen, anordnen, ausrichten und verteilen.

Tastaturkombinationen zum Anzeigen, Auswählen, Bewegen

Symbol	Tasten
Bild auf Fenstergröße bringen	Strg+0
Ansicht 100 %	Alt+Strg+0
Zoom ein- und ausschalten	Strg+
Die Ansicht in die linke, obere Ecke verschieben	Pos 1+Ende
Der Auswahl hinzufügen	⇧+Auswahlwerkzeug
Auswahlbegrenzung (Kreis oder Quadrat)	⇧+Auswahlwerkzeug ziehen
Lasso-Funktion umschalten (*magnetisch* zu *normal*)	Alt+Auswahlwerkzeug ziehen
Lasso-Funktion umschalten (*magnetisch* zu *polygon*)	Alt+rechte Maustaste klicken
Freistellen aktivieren	Freistellungswerkzeug+↵
Freistellen deaktivieren	Freistellungswerkzeuge+Esc

Tastaturkombinationen Werkzeuge

Symbol	Tasten
Auswahlrechteck	M
Lasso	L
Airbrush	J
Kopierstempel	S
Radiergummi	E
Weichzeichner	R
Pfadkomponenten-Auswahl	A
Zeichenstift	P
Notizen	N
Hand	H
Verschieben	V

Symbol	Tasten
Zauberstab	W
Slice	K
Pinsel	B
Protokoll-Pinsel	Y
Verlauf	G
Abwedler	O
Text	T
Rechteck	U
Pipette	I
Zoom	Z

Text

Photoshop stellt leistungsfähige Textwerkzeuge zur Verfügung, mit denen nicht nur Bilder beschriftet, sondern auch Logos gestaltet werden können.

Einfachen Text in einem Bild fügen Sie folgendermaßen hinzu:

1. Legen Sie eine neue Ebene (Layer) an, z. B. über *Layer (Ebene)* > *New (Neu)* > *Layer (Ebene)* oder die Tastenkombination ⇧+Strg+N.
2. Wählen Sie das Textwerkzeug T aus der Werkzeugleiste (Toolbar) aus.
3. Ziehen Sie einen Bereich im Bild auf.
4. Wählen Sie Schriftart, Schriftgröße und Schriftfarbe aus der Symbolleiste *Text* aus.
5. Passen Sie das Textfeld in der Größe der Schrift an, indem Sie mit der Maus an den Rändern anfassen und die Auswahl größer oder kleiner ziehen.
6. Sie können das *Verschieben-Werkzeug* (Move Tool) anklicken und den Text beliebig im Bild platzieren.

Auf Text können auch alle Filter angewandt werden. Oft muss die Textebene dafür jedoch gerastert werden. Sie rastern die Ebene über *Layer (Ebene)* > *Rasterize (Rastern)* > *Text*. Der Text der Ebene kann nach dem Rastern nicht mehr geändert werden!

Tonwertangleichung

Sie erreichen diese Funktion über *Image (Bild) > Adjustments (Einstellen) > Equalize*.

Diese Funktion nimmt im Bild eine Anpassung der Helligkeitswerte vor, indem das Programm aus dem hellsten und dunkelsten Pixel das durchschnittliche Pixel für die Helligkeit ermittelt. Das kann zu ziemlich abenteuerlichen Veränderungen des Bildes führen.

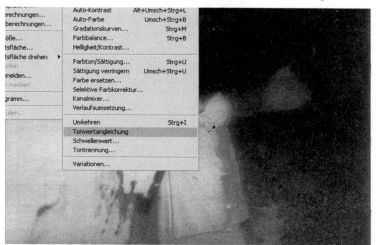

Tonwertkorrektur

Die Tonwert- oder Gammakorrektur wird eingesetzt, um Helligkeitsunterschiede auszugleichen. Um die manuelle Tonwertkorrektur durchzuführen wählen Sie *Image (Bild) > Adjustments (Einstellen) > Levels (Tonwertkorrektur)* oder drücken die Tastenkombination [Strg]+[L].

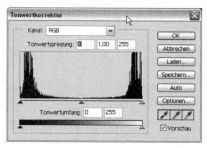

Mit der Tonwertkorrektur lassen sich die Lichter und Tiefen in einem Bild beeinflussen. Sie können im geöffneten Dialog (*Levels/Tonwertkorrektur*) folgende Einstellungen vornehmen:

Tonwertkorrektur

Channel (Kanal): Hier kann für alle Farbbereiche gemeinsam (*RGB*) oder für jede Farbe einzeln die Einstellung vorgenommen werden.

RGB	Strg+~
Rot	Strg+1
Grün	Strg+2
Blau	Strg+3

Unterhalb des Histogramms und unterhalb des Farbbalkens finden Sie drei bzw. zwei Regler. Sie können die Korrektur vornehmen, indem Sie diese Regler mit dem Mauszeiger anfassen und verschieben. Selbstverständlich können auch Werte in die Eingabefelder direkt eingegeben werden.

Über die Schaltfläche *Save (Speichern)* können Sie eine bestimmte Einstellung abspeichern. Mit der Schaltfläche *Load (Öffnen)* laden Sie gespeicherte Einstellungen für die Tonwertkorrektur.

Tipp

Speichern Sie Einstellungen für bestimmte Bildprobleme ab. Haben Sie z.B. eine gute Einstellung für eine Landschaftsaufnahme gefunden, die unterbelichtet war, so speichern Sie diese (z.B. mit dem Namen *Natur_unter.alv*) ab. Sie können diese Einstellung dann bei ähnlichen Bildern benutzen, um schnell zu einem guten Ergebnis zu kommen. In der Regel ist dann nur noch eine geringe Nachkorrektur nötig.

252 Photoshop 7 zum Nachschlagen: Referenz

Über die Schaltfläche *Auto* starten Sie die *Auto-Tonwertkorrektur.*

Die Schaltfläche *Options* öffnet einen neuen Dialog: *Auto Color Correction Options.* Hier können Sie unter *Target Colors_Clipping* die Grenzwertbestimmungen für die Auto-Tonwertkorrektur sehen; jeweils 0,5% bei Schwarz und Weiß. Sie können diesen Wert beeinflussen, indem Sie direkt in die Felder den gewünschten Wert eintragen. Außerdem lassen sich hier noch unterschiedliche Algorithmen einstellen. Haben Sie eine individuelle Voreinstellung gefunden, die Sie grundsätzlich benutzen wollen, so aktivieren Sie das Kontrollkästchen vor *Save as defaults (Speichern als Voreinstellung).*

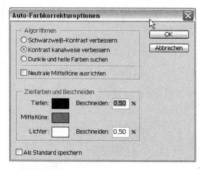

Hinweis

Mit den drei Pipetten können Sie in das Bild direkt eingreifen und die drei Helligkeitsbereiche beeinflussen. Ein einfacher Klick auf eine Pipette verwandelt den Cursor, mit dem Sie direkt das Bild manipulieren können. Die Ergebnisse sind aber selten zufriedenstellend mit dieser Methode. Besser ist der doppelte Klick auf eine Pipette. Mit der linken Pipette erreichen Sie den Farbwähler für die Tiefen; die mittlere Pipette öffnet den Farbwähler für die Mitteltöne und die rechte Pipette den Farbwähler für die Lichter.

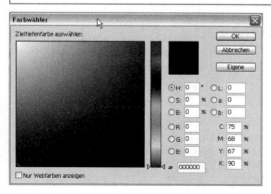

Variationen 253

> **Tipp**
>
> Aktivieren Sie das Kontrollkästchen vor *Preview (Vorschau)*, dann können Sie die Auswirkungen direkt im Bild verfolgen. Sind Sie unzufrieden, bestätigen Sie einfach *Cancel* und alles ist wieder wie vorher.

Transformieren

Photoshop bietet die Möglichkeit, ein Objekt zu transformieren, d. h.. zu verändern. Es gibt die Option *Free Transform (Freies Transformieren)* im Menü *Edit (Bearbeiten)*, auch zu erreichen über die Tastenkombination (Strg)+(T). Dabei wird dem Objekt ein Rahmen mit verschiedenen Anfasspunkten gegeben. Sie können an diesen Punkten mit dem Maus-Cursor anfassen und das Objekt verändern.

Die Option *Transform* bietet in einem Untermenü verschiedene Formen des Transformierens an:

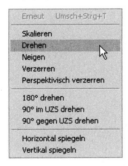

- *Scale (Skalieren)* lässt die Größenänderung des Objektes zu.
- *Rotate (Drehen)* erlaubt das Drehen des Objekts in jeder möglichen Grad-Einstellung.
- *Skew (Neigen)* lässt das Kippen des Objektes zu.
- *Distort (Verzerren)* sorgt nach dem Ziehen an einem Anfasspunkt für eine verzerrte Darstellung in der gezogenen Richtung.
- *Perspective (Perspektivisch verzerren)* ist sozusagen ein dreidimensionales Verzerren.

Variationen

Wollen Sie schnell einen Überblick über verschiedene Änderungs- und Bearbeitungsauswirkungen bekommen, so wählen Sie *Image (Bild) > Adjustments (Einstellen) > Variations (Variationen)*. Sie bekommen in einem Fenster verschiedene Anpassungsmöglichkeiten gezeigt.

Zunächst wird das Original und der aktuelle Bearbeitungsstand (*Current Pick/Aktuelle Wahl*) angezeigt. Darunter finden Sie das Bild mit verschiedenen Farbanpassungen. Rechts sind die Variationen *Heller (Lighter)* und *Dunkler (Darker)* zu finden. Wenn Sie in ein Bild klicken (z.B. *Heller/Lighter*), so wird die zugrunde liegende Funktion ausgeführt und auf alle Beispiele angepasst, auf Wunsch auch wiederholt – klicken Sie einfach mehrmals.

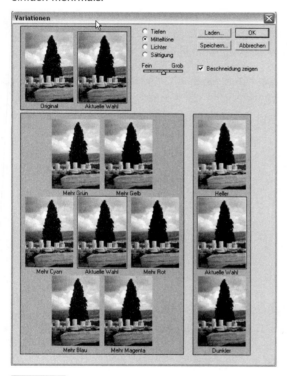

Tipp

Haben Sie sich durch zu vieles Klicken verrannt und wollen Sie auch nicht einfach abbrechen, so klicken Sie einmal auf das Original (links oben) und die Ausgangssituation wird wieder hergestellt.

Vorgaben-Manager

Über das Menü *Edit (Bearbeiten)* > *Preset Manager (Vorgaben-Manager)* können Voreinstellungen für unterschiedliche Tools (Werkzeuge) festgelegt werden.

Vorgaben-Manager

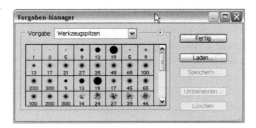

Im Pulldown-Menü bei *Preset Type (Vorgabe)* stellen Sie eines der unterschiedlichen Werkzeuge ein:

- *Brushes (Werkzeugspitzen)* oder Strg+1
- *Swatches (Farbfelder)* oder Strg+2
- *Gradients (Verläufe)* oder Strg+3
- *Styles (Stile)* oder Strg+4
- *Patterns (Muster)* oder Strg+5
- *Contours (Konturen)* oder Strg+6
- *Custom Shapes (Eigene Formen)* oder Strg+7
- *Tools (Werkzeuge)* oder Strg+8

Sie können einzelne von diesen Werkzeugen durch Anklicken auswählen. Halten Sie dabei die Strg-Taste gedrückt, so lassen sich mehrere Werkzeugen gleichzeitig markieren. Klicken Sie auf *Save Set*, um die Auswahl abzuspeichern. Sie können der Auswahl dabei einen eigenen Namen geben. Über *Load (Laden...)* öffnen Sie weitere Werkzeugpaletten.

Tipp

Laden Sie alle Werkzeugpaletten zu einem Werkzeugtyp und speichern Sie die für Sie in Frage kommende Auswahl ab. Dann haben Sie immer die Werkzeuge zur Hand, mit denen Sie arbeiten wollen, ohne dabei die Übersicht zu verlieren.

Über *Rename* benennen Sie ein Werkzeug um. Haben Sie Ihre Arbeit mit dem *Preset Manager* abgeschlossen, klicken Sie auf *Done*.

Mit der kleinen Schaltfläche neben dem Pulldown-Menü öffnen Sie ein Einstellungsmenü, das abhängig ist von den eingestellten Werkzeugen. Es ist dreigeteilt: Im ersten Teil enthält es Einstellung zur Darstellung der Werkzeuge. Voreingestellt ist immer *Small Thumbnail (Miniaturen)*. Im zweiten Teil lassen sich die ursprünglichen Einträge in der Palette *zurücksetzen (Reset...)* oder *ersetzen (Replace....)*. Im dritten Teil werden Abhängig von der Werkzeugauswahl verschiedene Werkzeugpaletten angeboten.

Werkzeugleiste

Diese Werkzeugleiste (Toolbar) ist nach jedem Start von Photoshop standardmäßig auf der linken Seite des Fensters angeordnet. Sie enthält eine umfangreiche Auswahl verschiedener Werkzeuge zur Bildbearbeitung. Eine Kurzbeschreibung der einzelnen Werkzeuge erhalten Sie, indem Sie mit dem Mauszeiger auf die Schaltfläche des entsprechenden Werkzeuges fahren. Nach kurzer Zeit erscheint ein gelber Kasten, der die Bezeichnung des Werkzeuges enthält. Zusätzlich steht in Klammern der Buchstabe, mit dem Sie dieses Werkzeug über die Tastatur auswählen können.

Viele der Werkzeugsymbole enthalten in der rechten unteren Ecke einen kleinen Pfeil. Wenn Sie diesen mit der rechten Maustaste anklicken, öffnet sich ein kleines Menü, aus dem Sie weitere Werkzeuge auswählen können. Insgesamt stehen Ihnen so über 50 Werkzeuge zur Bildbearbeitung zur Verfügung.

Die Werkzeuge sind in verschiedene Kategorien unterteilt. Ganz oben stehen die Auswahlwerkzeuge, darunter befinden sich die Bildbearbeitungswerkzeuge. Danach kommen die Pfad-, Text- und Füllwerkzeuge. Diese Kategorien sind durch dünne graue Trennlinien voneinander getrennt. So können die einzelnen Werkzeuge in ihrer Funktion besser zugeordnet und bestimmt werden. Außerdem beinhaltet die Werkzeugleiste noch Navigationswerkzeuge sowie einige Steuerelemente.

Die einzelnen Werkzeuge im Detail:

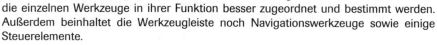 Links oben in der Leiste befindet sich das *Auswahlrechteck (Rectangular Marquee Tool)*. Dieses kann mit der Taste Ⓜ ausgewählt werden. Hiermit legen Sie einen rechteckigen Ausschnitt fest, der dann von einer gestrichelten Linie gekennzeichnet wird. Diesen Ausschnitt können Sie anschließend bearbeiten. Ein Quadrat

Werkzeugleiste

können Sie damit auswählen, wenn Sie gleichzeitig die ⇧-Taste gedrückt halten. Wenn Sie mit der rechten Maustaste auf das Symbol klicken, erscheinen drei weitere Auswahlwerkzeuge. Mit der Auswahlellipse können Sie einen exakten Kreis erstellen, wenn Sie hier ebenfalls die ⇧-Taste gedrückt halten, während Sie den Kreis auswählen.

Neben dem Auswahlrechteck finden Sie das *Verschiebe-Werkzeug (Move Tool)*. Mit diesem können Sie den ausgewählten Bereich im Bild verschieben. Es kann auch über die Taste V aktiviert werden.

Das *Lasso (Lasso Tool)* hat die gleiche Funktion wie das Auswahlrechteck, mit dem Unterschied, dass Sie einen beliebigen Bereich auswählen können, also jede denkbare Form. Dabei müssen Sie die Enden nicht genau schließen. Das übernimmt das Programm Photoshop für Sie. Außerdem gibt es noch das *Polygon Lasso* und das *Magnetische Lasso*. Mit dem *Polygon Lasso* können Sie Geraden ziehen und mit dem *Magnetischen Lasso* können Sie die Konturen eines Objektes abfahren, die dann automatisch erkannt werden, wenn der Kontrast groß genug ist. Die Aktionstaste dazu ist die Taste L.

Der *Zauberstab (Magic Wand Tool)* ist ein Werkzeug, mit dem Sie ganze Bereiche auswählen können, die keine allzu großen Farbunterschiede haben. So können Sie z. B. mit einem Mausklick den blauen Himmel auf einem Foto ausschneiden. Das Werkzeug ist zu starten mit der Taste W.

Das *Freistellwerkzeug (Crop Tool)* ermöglicht es Ihnen, rechteckige Bildausschnitte festzulegen. Der Rest des Bildes wird abgedunkelt. Dieses Werkzeug können Sie auch mit der Taste C aktivieren.

Mit dem *Reparaturpinsel-Werkzeug (Healing Brush Tool)* können Sie Staubflecken und kleinere Kratzer retuschieren. Dazu müssen Sie zuvor jedoch eine Stelle definieren, die als Vorlage dient. Dies machen Sie, indem Sie eine Stelle anklicken und dabei die Alt-Taste gedrückt halten. Rufen Sie das Werkzeug über die Taste J auf.

Der *Kopierstempel (Clone Stamp Tool)* dient dem exakten Kopieren einzelner Stellen, mit denen dann fehlerhafte Bereiche retuschiert werden können. Er wird genauso angewandt wie der Reparaturpinsel. Ein weiterer Stempel, der sich hinter dieser Schaltfläche verbirgt und den Sie mit einem Klick mit der rechten Maustaste erreichen, ist der *Musterstempel (Pattern Stamp Tool)*. Mit ihm können Sie ein voreingestelltes Muster auf das Bild stempeln. Diesen Werkzeugen wurde die Taste S zugewiesen.

Mit dem *Pinsel (Brush Tool)* können Sie weiche Linien auf ein Bild malen. Als zweite Funktion bietet das Symbol den *Bleistift (Pencil Tool)* an, mit dem Sie dünne feine Linien zeichnen können. Sie wechseln zwischen diesen beiden Werkzeugen, indem Sie mit der rechten Maustaste auf das Symbol klicken und eines der Werkzeuge auswählen. Die alternative Methode, das Werkzeug zu aktivieren, ist die mit der Taste B.

Mit dem *Protokoll-Pinsel (History Brush Tool)* können Sie die Effekte der verschiedenen Filter stellenweise wieder rückgängig machen. Sie bekommen ihn über die Taste Y.

Mit dem *Radiergummi (Eraser Tool)* löschen Sie stellenweise Teile eines Bildes. Rufen Sie dieses Werkzeug mit der Taste E auf.

Mit dem *Verlaufswerkzeug (Gradient Tool)* lassen sich Farbverläufe erstellen. Dazu müssen zuvor jedoch die beiden Farben (Vorder- und Hintergrundfarbe) ausgewählt worden sein. Die Sekundärfunktion dieser Schaltfläche ist ein *Füllwerkzeug (Paint Bucket Tool)*, mit dem Sie ausgewählte Bereiche einfärben können. Dabei wird der Bereich immer mit der eingestellten Vordergrundfarbe eingefärbt. Dem Werkzeug wurde die Taste G zugeordnet.

Hinter der Schaltfläche des *Weichzeichnungswerkzeugs (Blur Tool)* finden sich insgesamt drei Werkzeuge, die auf dem Prinzip der Filter aufbauen. Diese wären das *Weichzeichnungswerkzeug*, das *Schärfungswerkzeug (Sharpen Tool)* und der *Verzerrungsfilter (Smudge Tool)*. Auch zu aktivieren mit der Taste R.

Das *Abwandler Werkzeug (Dodge Tool)* dient dazu, stellenweise und punktgenau Bereiche aufzuhellen. Mit der Taste O starten Sie diese Funktion.

Das *Pfadkomponenten-Auswahlwerkzeug (Path Selection Tool)* ist nützlich, um Pfade zu verändern, die mit dem Zeichenstift gezeichnet wurden. Verändern Sie die Pfade auch, indem Sie das Werkzeug mit der Taste A starten.

Mit dem *Textwerkzeug (Horizontal Type Tool)* können Sie Textfelder erzeugen. Außerdem gibt es noch ein *Verikales Textwerkzeug (Vertical Type Tool)*, mit dem Sie senkrecht verlaufende Texte erzeugen können. Die dazugehörige Taste ist T.

Der *Zeichenstift (Pen Tool)* ist zum Zeichnen von weichkantigen Pfaden. Schneller kann er mit der Taste P aufgerufen werden.

Mit dem *Rechteck-Werkzeug (Rectangle Tool)* können Sie rechteckige Felder erzeugen, die als Grundlage von Schaltflächen dienen können. Es ist bequem zu starten mit der Taste U.

Das Werkzeug *Anmerkungen (Notes Tool)* dient dem Verbinden von Notizen mit dem Bild. Gut zu merken ist die Taste N, mit der das Werkzeug auch gestartet werden kann.

Mit der *Pipette (Eyedropper Tool)* können Sie eine Farbe von einer bestimmten Stelle im Bild übernehmen. Diese wird dann automatisch den Malwerkzeugen zugewiesen, sodass Sie dann genau mit dieser Farbe arbeiten können. Für diese Funktion ist die Taste I reserviert.

Mit dem *Handwerkzeug (Hand Tool)* können Sie das Bild innerhalb eines Bildfensters verschieben. Diese Funktion hat selbstverständlich die Taste H als Shortcut.

Werkzeugleiste

Die *Lupe (Zoom Tool)* dient dem Heranzoomen bzw. Herauszoomen im Bild. Sie können damit jede Stelle im Bild bis maximal 1.600% vergrößern. Sie ist zu erreichen über die Taste (Z).

Die Funktionen *Vordergrundfarbe einstellen (Set foreground color)* und *Hintergrundfarbe einstellen (Set background color)* ermöglichen es, aus einer sehr umfangreichen Farbpalette eine Farbe auszusuchen. Dies ist zum Beispiel dann nötig, wenn mit dem Verlaufswerkzeug ein Farbverlauf erstellt werden soll. Außerdem orientiert sich Photoshop an den eingestellten Farben, wenn für irgendwelche Funktionen Vorder- oder Hintergrundfarbe benötigt werden.

Über die Schaltfläche *Im Standardmodus bearbeiten (Edit in Standard mode)* können Sie wieder in den normal Modus wechseln, wenn der Maskiermodus aktiv ist.

Mit der Schaltfläche *Im Maskiermodus bearbeiten (Edit in Quick Mask Mode)* können Sie in den Maskiermodus wechseln. Zwischen den beiden Modi können Sie auch mit der Taste (Q) wechseln.

Mit den drei Schaltflächen *Standard Bildschirm Modus (Standard Screen Mode)*, *Ganzbildmodus mit Menüleiste (Full Screen Mode with Menu Bar)* und *Ganzbildmodus (Full Screen Mode)* wechseln Sie zwischen diesen Ansichten hin und her. Schneller wechseln Sie mit der Taste (F) durch die drei Modi.

Mit der Schaltfläche *Zu Image Ready springen (Jump to Image Ready)* können Sie zu ImageReady wechseln. Das geht auch mit der Tastenkombination (Strg)+(⇧)+(M).

Wörterliste (Englisch-Deutsch)

Im Buchtext wurden die Menü- und Dialogbefehle weitgehend Englisch-Deutsch angegeben, sodass ein Arbeiten sowohl mit der englischen als auch der deutschen Version von Photoshop möglich ist. Hier folgt noch einmal eine alphabetische Auflistung der englisch-deutschen Begriffe. Beachten Sie, dass es sich nicht um eine Vokabelliste handelt. Die Übersetzungen sind oft nicht so vorgenommen, wie Sie es im Wörterbuch finden. Die Übertragung der englischen Version ins Deutsche ist oft eher sinngemäß vorgenommen worden.

Die Liste ist nicht vollständig, enthält aber die wichtigsten Menübefehle und Dialogtexte.

Englisch	Deutsch
2-Up	2fach
4-Up	4fach
About Plugin	Über Zusatzmodul
Actions	Aktionen
Add Layer Mask	Eine Maske hinzufügen
Additional Plugins directory	Zusätzliches Zusatzmodul-Verzeichnis
Adjustments	Einstellungen
Advanced Controls	Erweiterte Einstellungen
Advanced Mode	Erweiterter Modus
Algorithms	Algorithmen
All	Alles auswählen
Amount	Stärke
Angle	Rasterwinkelung
Angle	Winkel
Anti-aliased	Glätten
Append	Anfügen
Arc	Bogen
Arc Lower	Bogen unten
Arc Upper	Bogen oben
Arch	Wölbung
Attitude	Höhe (Winkel)
Auto Color Correction Options	Auto-Farbkorrektur-Optionen
Auto contrast	Auto-Kontrast
Auto Levels	Auto-Tonwertkorrektur
Auto Resolution	Auto-Auflösung
Automate	Automatisieren
Available RAM	Verfügbarer Arbeitsspeicher
Background Color	Hintergrundfarbe
Bend	Biegung

Wörterliste (Englisch-Deutsch)

Englisch	Deutsch
Best	Hoch
Bevel and Emboss	Abgeflachte Kanten und Relief
Bevel and Emboss	Kante
Bicubic (Better)	Bikubisch
Bilinear	Bilinear
Blacks	Schwarz
Bleed	Anschnitt
Blend Mode	Füllmethode
Blend RGB Colors Using Gamma	RGB-Farben mit Gamma füllen
Blending	Füllmethode
Blocks	Glasbausteine
Blues	Blau
Bluge	Wulst
Blur	Weichzeichnen
Blur More	Stark Weichzeichnen
Border	Rand
Brightness	Helligkeit
Browse	Durchsuchen
Brushes	Pinsel
Brushes	Werkzeugspitzen
Cache Levels	Cache-Stufen
Calibration Bars	Farbskala & Farbbalance
Cancel	Abbrechen
Canvas	Arbeitsfläche
Caption	Objektbeschreibung
Center Crop Marks	Falzmarken
Center Image	Bild zentrieren
Channels	Kanal
Charackter	Zeichen einblenden
Chisel Hard	Hart Meißeln
Chisel Soft	Weich Meißeln
Clear	Löschen
Color	Farbregler
Color Balance	Farbbalance
Color Management Policies	Farbmanagement-Richtlinien
Color Overlay	Farbüberlagerung
Color Picker	Farbwähler
Color Range	Farbbereich auswählen
Color Settings	Farbeinstellungen
Colorize	Färben
Commit current crop operation	Aktuellen Freistellungsvorgang bestätigen

Englisch	Deutsch
Constrain Proportions	Proportionen erhalten
Contents	Inhalt
Contents of First Layer	Inhalt der ersten Ebene
Contour	Kontur
Contrast	Kontrast
Conversion Options	Konvertierungsoptionen
Copy	Kopieren
Copy HTML Code	HTML-Code aktualisieren
Corner Crop Marks	Schnittmarken
Crack Brightness	Helligkeit (Risse)
Crack Depth	Tiefe (Risse)
Crack Spacing	Abstand (Risse)
Craquelure	Risse
Create new snapshot	Erstellt einen neuen Schnappschuss
Create warped Text	Verkrümmten Text erstellen
Crop Tool ©	Freistellungswerkzeug ©
Cropped Area	Freigestellter Bereich
Current Pick	Aktuelle Wahl
Curves	Gradationskurve
Curves	Gradationskurven
Custom Colors	Eigene Farben
Custom Pattern	Eigenes Muster
Custom Shapes	Eigene Formen
Cut	Ausschneiden
Cyans	Cyan
Date	Datum
Define Pattern	Muster festlegen
Degrees	Grad
Delete	Löschen
Depth	Farbtiefe
Desaturate Monitor Colors By	Sättigung der Monitorfarben um
Description	Beschreibung
Deselect	Auswahl aufheben
Direction	Richtung
Distort	Verzerren
Distortion	Verzerrung
Dither	Diffusion
Document Size	Dateigröße
Done	Fertig
Draft	Entwurf
Drop Shadow	Schlagschatten

Wörterliste (Englisch-Deutsch)

Englisch	Deutsch
Duplicate current frame	Dupliziert aktuellen Frame
Duplicate Layer	Ebene duplizieren
Edit	Bearbeiten
Edit Slice Options	Slice Optionen bearbeiten
Elliptical Marquee Tool	Auswahlellipse
Emboss	Relief
Emulsion Down	Schichtseite hinten (Seitenrichtung)
Equalize	Tonwertangleichung
Export Transparent Image	Transparentes Bild exportieren
Extras	Extras einrichten
Feather	Weiche Auswahlkante
File	Datei
File Browser	Datei-Browser
File Handling	Dateien speichern
Fill	Fläche füllen
Fish	Fisch
Fisheye	Linse
Fit on Screen	An Bildschirm anpassen
Fixed Size	Feste Größe
Flag	Flagge
Flip Horizontal	Arbeitsfläche horizontal spiegeln
Flip Vertikal	Arbeitsfläche vertikal spiegeln
Folders	Ordner
Font	Schrift
Font Size	Schriftgrad
Free Transform	Frei Transformieren
Frequency	Rasterweite
Frosted	Riffelglas
Fuzziness	Toleranz
Gaussian Blur	Gaußscher Weichzeichnungsfilter
General	Allgemeine
Global Light	Globaler Lichteinfall
Gloss Contour	Glanzkontur
Good	Mittel
Gradient Overlay	Verlaufsüberlagerung
Gradient Tool	Verlaufswerkzeug
Gradients	Verläufe
Greens	Grün
Grow	Auswahl vergrößern
Guides, Grid & Slices	Hilfslinien & Raster
Halftone Screens	Rastereinstellungen

Englisch	Deutsch
Height	Höhe
Hide	Ausblenden
Hide All Effects	Alle Effekte ausblenden
Highlight Mode	Lichtermodus
Highlights	Lichter
Histogram	Histogramm
History	Protokoll
Horizontal Distortion	Horizontale Verzerrung
Hue	Farbton
Image	Bild
Image Size	Bildgröße
Images Only	Nur Bilder
Indexed Color	Indizierte Farben
Inflate	Aufblasen
Ink	Druckfarbe
Inner Bevel	abgeflachte Kante innen
Inner Glow	Schein nach innen
Inner Shadow	Schatten nach innen
Input Levels	Tonwertspreizung
Inverse	Auswahl umkehren
Invert	Umkehrung
Labels	Auszugsbeschriftung
Large Images	Galerie Bilder
Large List	Große Liste
Large Thumbnail	Große Miniaturen
Lasso Tool	Lasso-Werkzeug
Layer	Ebene
Layer From Background	Auf Hintergrundebene reduzieren
Layer Properties	Ebeneneigenschaften
Layer Set	Ebenensatz
Layer Set From Linked	Ebenensatz aus verbundenen Ebenen
Layer Style	Ebenenstil
Layer via copy	Ebene durch Kopie
Layer via Cut	Ebene durch Ausschneiden
Layers	Ebenen
Levels	Tonwertkorrektur
Lightness	Lab-Helligkeit
Load	Laden
Load Selection	Auswahl laden
Load Texture	Struktur laden
Luminosity	Luminanz

Wörterliste (Englisch-Deutsch)

Englisch	Deutsch
Magentas	Magenta
Magic Wand Tool	Zauberstab
Magnetic Lasso Tool	Magnetisches Lasso
Master	Standard
Matte	Hintergrund
Matting	Hintergrund
Memory & Image Cache	Arbeitsspeicher & Bildcache
Midtones	Mitteltöne
Modify	Auswahl verändern
Move Tool	Verschieben-Werkzeug
Multiply	Multiplizieren
Nearest Neighbor (Faster)	Pixelwiederholung
Negative	Negativ
Neutrals	Grautöne
New	Neu
New Adjustment Layer	Neue Einstellungsebene
New Fill Layer	Neue Füllebene
Only Web Colors	Nur Webfarben
Opacity	Deckkraft
Open Recent	Letzte Dateien öffnen
Optimized	Optimiert
Optimized Files	Optimierte Dateien
Others	Andere
Outer Bevel	abgeflachte Kante außen
Outer Glow	Schein nach außen
Output Levels	Tonwertumfang
Output Settings	Ausgabe-Optionen
Page Setup	Seite einrichten
Paint Bucket Tool	Verlauf
Paste	Einfügen
Paste Into	Einfügen als
Paths	Pfad
Pattern Overlay	Musterüberlagerung
Perspective	Perspektivisch verzerren
Photographer	Fotograf
Physical Memory Usage	Physikalischer Speicher
Pillow Emboss	Relief an allen Kanten
Pixel Dimention	Pixelmaße
Place	Platzieren
Plug-Ins & Scratch Disks	Zusatzmodule & Virtueller Speicher
Point	Punkt

Englisch	Deutsch
Polygonal Lasso Tool	Polygon Lasso
Preferences	Voreinstellungen
Preserve Luminosity	Luminanz erhalten
Preset Manager	Vorgaben-Manager
Preset Type	Vorgabe
Preview	Vorschau
Print	Drucken
Print Selected Area	Auswahlbereich drucken
Print with Preview	Drucken mit Vorschau
Proceed	Ausführen
Put Images in Folder	Bilder in Ordner ablegen
Quality	Qualität
Rectangular Marquee Tool	Auswahlrechteck
Redo	Wiederholen
Reds	Rot
Registration Marks	Passermarken
Rename	Umbenennen
Replace Color	Farbe ersetzen
Resample Image	Bild neu berechnen mit
Reselect	Erneut Auswählen
Reset Palette Locations	Palettenpositionen zurücksetzen
Resize Images	Bilder skalieren
Resolution	Auflösung
Revert	Zurück zur letzten Version
Rise	ansteigend
Rotate	Drehen
Row Order	Zeilenfolge
Satin	Glanz
Saturation	Sättigung
Save for Web	Für Web speichern
Save Optimized As	Optimierte Version speichern
Save Options	Optionen für Speichern
Save Selection	Auswahl speichern
Save Set	Satz speichern
Save Transparency	Transparenz speichern
Scale	Skalieren
Scale to fit Media	Auf Mediengröße skalieren
Scaled Print Size	Skalierte Ausgabegröße
Scaling	Skalierung
Section	Abschnitt
Select	Auswahl

Wörterliste (Englisch-Deutsch)

Englisch	Deutsch
Selection	Auswahl
Selective Color	Selektive Farbkorrektur
Set background color	Hintergrundfarbe einstellen
Set foreground color	Vordergrundfarbe einstellen
Settings	Einstellungen
Shadow Mode	Tiefenmodus
Shadows	Tiefen
Shape	Form
Sharpen	Scharfzeichnen
Shell Lower	Muschel unten
Shell Upper	Muschel oben
Show Bounding Box	Begrenzungsrahmen einblenden
Show More Options	Weitere Optionen einblenden
Show Tool Tips	Werkzeug-Tipps anzeigen
Similar	Ähnliches auswählen
Single Columen Marquee Tool	Auswahlspalte
Single row Marquee Tool	Auswahlzeile
Site Name	Name der Site
Skew	Neigen
Slice Select Tool	Slice-Auswahlwerkzeug
Slice Tool	Slice-Werkzeug
Small List	Liste
Small Thumbnail	Miniaturen
Smooth	Abrunden
Smoothness	Glättung
Snap	Ausrichten
Snapshot	Schnappschuss
Soften	Weichzeichnen
Squeeze	Stauchen
Stroke	Kontur
Stroke Emboss	Reliefkontur
Style	Art
Styles	Stile
Swatches	Farbfelder
Target	Ziel
Technique	Technik
Text Only	Nur Text
Texture	Struktur
Thumbnails	Galerie Miniaturen
Tiny Lens	Kleine Linsen
Tone Balance	Farbtonbalance

Englisch	Deutsch
Transfer ...	Druckkennlinie
Transform	Farbänderung
Transform	Transformieren
Transform Selection	Auswahl transformieren
Transparency	Transparenz
Transparency & Gamut	Transparenz & Farbumfang-Warnung
Transparent	Transparent
Twist	Wirbel
Undo	Rückgängig machen
Units & Rulers	Maßeinheiten und Lineale
Unsharp mask	Unscharf maskieren
Update HTML	HTML aktualisieren
Use	Füllen mit
Use Accurate Screens	Akkurate Screens verwenden
Use cache for histograms	Cache für Histogramme verwenden
Use Global Light	Globalen Lichteinfall verwenden
Use Same Shape for All Inks	Gleiche Form für alle Druckfarben verwenden
Vertical Distortion	Vertikale Verzerrung
Wave	Welle
Web photo Gallery	Webfotogalerie
White	Weiß
Whites	Weißtöne
Width	Breite
Working Spaces	Arbeitsfarbräume
Yellows	Gelb

Wörterliste (Deutsch-Englisch)

Deutsch	Englisch
2fach	2-Up
4fach	4-Up
Abbrechen	Cancel
abgeflachte Kante außen	Outer Bevel
abgeflachte Kante innen	Inner Bevel
Abgeflachte Kanten und Relief	Bevel and Emboss
Abrunden	Smooth
Abschnitt	Section
Abstand (Risse)	Crack Spacing
Ähnliches auswählen	Similar
Akkurate Screens verwenden	Use Accurate Screens
Aktionen	Actions
Aktuelle Wahl	Current Pick
Aktuellen Freistellungsvorgang bestätigen	Commit current crop operation
Algorithmen	Algorithms
Alle Effekte ausblenden	Hide All Effects
Alles auswählen	All
Allgemeine	General
An Bildschirm anpassen	Fit on Screen
Andere	Others
Anfügen	Append
Anschnitt	Bleed
ansteigend	Rise
Arbeitsfarbräume	Working Spaces
Arbeitsfläche	Canvas
Arbeitsfläche horizontal spiegeln	Flip Horizontal
Arbeitsfläche vertikal spiegeln	Flip Vertikal
Arbeitsspeicher & Bildcache	Memory & Image Cache
Art	Style
Auf Hintergrundebene reduzieren	Layer From Background
Auf Mediengröße skalieren	Scale to fit Media
Aufblasen	Inflate
Auflösung	Resolution
Ausblenden	Hide
Ausführen	Proceed
Ausgabe-Optionen	Output Settings
Ausrichten	Snap
Ausschneiden	Cut
Auswahl	Select

Deutsch	Englisch
Auswahl	Selection
Auswahl aufheben	Deselect
Auswahl laden	Load Selection
Auswahl speichern	Save Selection
Auswahl transformieren	Transform Selection
Auswahl umkehren	Inverse
Auswahl verändern	Modify
Auswahl vergrößern	Grow
Auswahlbereich drucken	Print Selected Area
Auswahlellipse	Elliptical Marquee Tool
Auswahlrechteck	Rectangular Marquee Tool
Auswahlspalte	Single Columen Marquee Tool
Auswahlzeile	Single row Marquee Tool
Auszugsbeschriftung	Labels
Auto Kontrast	Auto contrast
Auto-Auflösung	Auto Resolution
Auto-Farbkorrektur-Optionen	Auto Color Correction Options
Automatisieren	Automate
Auto-Tonwertkorrektur	Auto Levels
Bearbeiten	Edit
Begrenzungsrahmen einblenden	Show Bounding Box
Beschreibung	Description
Biegung	Bend
Bikubisch	Bicubic (Better)
Bild	Image
Bild neu berechnen mit	Resample Image
Bild zentrieren	Center Image
Bilder in Ordner ablegen	Put Images in Folder
Bilder skalieren	Resize Images
Bildgröße	Image Size
Bilinear	Bilinear
Blau	Blues
Bogen	Arc
Bogen oben	Arc Upper
Bogen unten	Arc Lower
Breite	Width
Cache für Histogramme verwenden	Use cache for histograms
Cache-Stufen	Cache Levels
Cyan	Cyans
Datei	File
Datei Browser	File Browser

Wörterliste (Deutsch-Englisch)

Deutsch	Englisch
Dateien speichern	File Handling
Dateigröße	Document Size
Datum	Date
Deckkraft	Opacity
Diffusion	Dither
Drehen	Rotate
Drucken	Print
Drucken mit Vorschau	Print with Preview
Druckfarbe	Ink
Druckkennlinie	Transfer ...
Dupliziert aktuellen Frame	Duplicate current frame
Durchsuchen	Browse
Ebene	Layer
Ebene duplizieren	Duplicate Layer
Ebene durch Ausschneiden	Layer via Cut
Ebene durch Kopie	Layer via copy
Ebenen	Layers
Ebeneneigenschaften	Layer Properties
Ebenenmaske hinzufügen	Add Layer Mask
Ebenensatz	Layer Set
Ebenensatz aus verbundenen Ebenen	Layer Set From Linked
Ebenenstil	Layer Style
Eigene Farben	Custom Colors
Eigene Formen	Custom Shapes
Eigenes Muster	Custom Pattern
Einfügen	Paste
Einfügen als	Paste Into
Einstellungen	Adjustments
Einstellungen	Settings
Entwurf	Draft
Erneut Auswählen	Reselect
Erstellt einen neuen Schnappschuss	Create new snapshot
Erweiterte Einstellungen	Advanced Controls
Erweiterter Modus	Advanced Mode
Extras einrichten	Extras
Falzmarken	Center Crop Marks
Farbänderung	Transform
Farbbalance	Color Balance
Farbbereich auswählen	Color Range
Farbe ersetzen	Replace Color
Farbeinstellungen	Color Settings

Deutsch	Englisch
Färben	Colorize
Farbfelder	Swatches
Farbmanagement-Richtlinien	Color Management Policies
Farbregler	Color
Farbskala & Farbbalance	Calibration Bars
Farbtiefe	Depth
Farbton	Hue
Farbtonbalance	Tone Balance
Farbüberlagerung	Color Overlay
Farbwähler	Color Picker
Fertig	Done
Feste Größe	Fixed Size
Fisch	Fish
Fläche füllen	Fill
Flagge	Flag
Form	Shape
Fotograf	Photographer
Frei Transformieren	Free Transform
Freigestellter Bereich	Cropped Area
Freistellungswerkzeug ©	Crop Tool ©
Füllen mit	Use
Füllmethode	Blend Mode
Füllmethode	Blending
Für Web speichern	Save for Web
Galerie Bilder	Large Images
Galerie Miniaturen	Thumbnails
Gaußscher Weichzeichnungsfilter	Gaussian Blur
Gelb	Yellows
Glanz	Satin
Glanzkontur	Gloss Contour
Glasbausteine	Blocks
Glätten	Anti-aliased
Glättung	Smoothness
Gleiche Form für alle Druckfarben verwenden	Use Same Shape for All Inks
Globalen Lichteinfall verwenden	Use Global Light
Globaler Lichteinfall	Global Light
Grad	Degrees
Gradationskurve	Curves
Gradiationskurven	Curves
Grautöne	Neutrals
Große Liste	Large List

Wörterliste (Deutsch-Englisch)

Deutsch	Englisch
Große Miniaturen	Large Thumbnail
Grün	Greens
Hart Meißeln	Chisel Hard
Helligkeit	Brightness
Helligkeit (Risse)	Crack Brightness
Hilfslinien & Raster	Guides, Grid & Slices
Hintergrund	Matte
Hintergrund	Matting
Hintergrundfarbe	Background Color
Hintergrundfarbe einstellen	Set background color
Histogramm	Histogram
Hoch	Best
Höhe	Height
Höhe (Winkel)	Attitude
Horizontale Verzerrung	Horizontal Distortion
HTML aktualisieren	Update HTML
HTML-Code aktualisieren	Copy HTML Code
Indizierte Farben	Indexed Color
Inhalt	Contents
Inhalt der ersten Ebene	Contents of First Layer
Kanal	Channels
Kante	Bevel and Emboss
Kleine Linsen	Tiny Lens
Kontrast	Contrast
Kontur	Contour
Kontur	Stroke
Konvertierungsoptionen	Conversion Options
Kopieren	Copy
Lab-Helligkeit	Lightness
Laden	Load
Lasso-Werkzeug	Lasso Tool
Letzte Dateien öffnen	Open Recent
Lichter	Highlights
Lichtermodus	Highlight Mode
Linse	Fisheye
Liste	Small List
Löschen	Clear
Löschen	Delete
Luminanz	Luminosity
Luminanz erhalten	Preserve Luminosity
Magenta	Magentas

Deutsch	Englisch
Magnetisches Lasso	Magnetic Lasso Tool
Maßeinheiten und Lineale	Units & Rulers
Miniaturen	Small Thumbnail
Mittel	Good
Mitteltöne	Midtones
Multiplizieren	Multiply
Muschel oben	Shell Upper
Muschel unten	Shell Lower
Muster festlegen	Define Pattern
Musterüberlagerung	Pattern Overlay
Name der Site	Site Name
Negativ	Negative
Neigen	Skew
Neu	New
Neue Einstellungsebene	New Adjustment Layer
Neue Füllebene	New Fill Layer
Nur Bilder	Images Only
Nur Text	Text Only
Nur Webfarben	Only Web Colors
Objektbeschreibung	Caption
Optimiert	Optimized
Optimierte Dateien	Optimized Files
Optimierte Version speichern	Save Optimized As
Optionen für Speichern	Save Options
Ordner	Folders
Palettenpositionen zurücksetzen	Reset Palette Locations
Passermarken	Registration Marks
Perspektivisch verzerren	Perspective
Pfad	Paths
Physikalischer Speicher	Physical Memory Usage
Pinsel	Brushes
Pixelmaße	Pixel Dimention
Pixelwiederholung	Nearest Neighbor (Faster)
Platzieren	Place
Polygon Lasso	Polygonal Lasso Tool
Proportionen erhalten	Constrain Proportions
Protokoll	History
Punkt	Point
Qualität	Quality
Rand	Border
Rastereinstellungen	Halftone Screens

Wörterliste (Deutsch-Englisch)

Deutsch	Englisch
Rasterweite	Frequency
Rasterwinkelung	Angle
Relief	Emboss
Relief an allen Kanten	Pillow Emboss
Reliefkontur	Stroke Emboss
RGB-Farben mit Gamma füllen	Blend RGB Colors Using Gamma
Richtung	Direction
Riffelglas	Frosted
Risse	Craquelure
Rot	Reds
Rückgängig machen	Undo
Sättigung	Saturation
Sättigung der Monitorfarben um	Desaturate Monitor Colors By
Satz speichern	Save Set
Scharfzeichnen	Sharpen
Schatten nach innen	Inner Shadow
Schein nach außen	Outer Glow
Schein nach innen	Inner Glow
Schichtseite hinten (Seitenrichtung)	Emulsion Down
Schlagschatten	Drop Shadow
Schnappschuss	Snapshot
Schnittmarken	Corner Crop Marks
Schrift	Font
Schriftgrad	Font Size
Schwarz	Blacks
Seite einrichten	Page Setup
Selektive Farbkorrektur	Selective Color
Skalieren	Scale
Skalierte Ausgabegröße	Scaled Print Size
Skalierung	Scaling
Slice Optionen bearbeiten	Edit Slice Options
Slice-Auswahlwerkzeug	Slice Select Tool
Slice-Werkzeug	Slice Tool
Standard	Master
Stark Weichzeichnen	Blur More
Stärke	Amount
Stauchen	Squeeze
Stile	Styles
Struktur	Texture
Struktur laden	Load Texture
Technik	Technique

Deutsch	Englisch
Tiefe (Risse)	Crack Depth
Tiefen	Shadows
Tiefenmodus	Shadow Mode
Toleranz	Fuzziness
Tonwertangleichung	Equalize
Tonwertkorrektur	Levels
Tonwertspreizung	Input Levels
Tonwertumfang	Output Levels
Transformieren	Transform
Transparent	Transparent
Transparentes Bild exportieren	Export Transparent Image
Transparenz	Transparency
Transparenz & Farbumfang-Warnung	Transparency & Gamut
Transparenz speichern	Save Transparency
Über Zusatzmodul	About Plugin
Umbenennen	Rename
Umkehrung	Invert
Unscharf maskieren	Unsharp mask
Verfügbarer Arbeitsspeicher	Available RAM
Verkrümmten Text erstellen	Create warped Text
Verlauf	Paint Bucket Tool
Verläufe	Gradients
Verlaufsüberlagerung	Gradient Overlay
Verlaufswerkzeug	Gradient Tool
Verschieben-Werkzeug	Move Tool
Vertikale Verzerrung	Vertical Distortion
Verzerren	Distort
Verzerrung	Distortion
Vordergrundfarbe einstellen	Set foreground color
Voreinstellungen	Preferences
Vorgabe	Preset Type
Vorgaben-Manager	Preset Manager
Vorschau	Preview
Webfotogalerie	Web photo Gallery
Weich Meißeln	Chisel Soft
Weiche Auswahlkante	Feather
Weichzeichnen	Blur
Weichzeichnen	Soften
Weiß	White
Weißtöne	Whites
Weitere Optionen einblenden	Show More Options

Wörterliste (Deutsch-Englisch)

Deutsch	Englisch
Welle	Wave
Werkzeugspitzen	Brushes
Werkzeug-Tipps anzeigen	Show Tool Tips
Wiederholen	Redo
Winkel	Angle
Wirbel	Twist
Wölbung	Arch
Wulst	Bluge
Zauberstab	Magic Wand Tool
Zeichen einblenden	Charackter
Zeilenfolge	Row Order
Ziel	Target
Zurück zur letzten Version	Revert
Zusätzliches Zusatzmodul-Verzeichnis	Additional Plugins directory
Zusatzmodule & Virtueller Speicher	Plugins & Scratch Disks

Stichwortverzeichnis

#	99
1-Bit-Bilder	163, 163
2fach	227
4fach	198, 227

A

abgeflachte Kanten und Relief	209
Adobe	17
Aldus	17
Animationen	164, 181, 210
Animationsfenster	212
Arbeitsfläche	59
Arbeitsoberfläche	31
Arbeitsspeicher	11
Arbeitsspeicher & Bildcache	28
Aufhellen	189
Auflösung	53, 144, 218, 243
reduzieren	53
skalieren	54
Auswahlellipse	178
Auswahlformen	
geometrische	151
Auswahlrechteck	178
Auswahlwerkzeuge	151
Auto-Kontrast	154
Auto-Kontrastfunktion	171
Auto-Kontrastkorrektur	82
Auto-Tonwertkorrektur	39, 90f, 93, 219

B

Beleuchtungsfilter	114
Beschneiden	57
Beschriftungen	149
Betriebssystem	11
bikubisch	55
Bild	
beschneiden	57
drehen	62
duplizieren	220
entfärben	107
Negativ	100
neu erstellen	243
scannen	66, 138

Bild	
spiegeln	221
spiegeln	65
unscharfes	170
Bildbearbeitung	39
digitale	170
Kontrast	82
Bildbearbeitungswerkzeuge	242
Bildformat	39
Bildgröße	50, 227
manuell eingeben	51
Bildkorrektur	90
digitale	91
Bildpixel fixieren	125
Bildqualität, Internet	45
Bildqualitätsinformationen	238
Bildschirm und Zeigerdarstellung	26
Bildverbesserung durchführen	39
Bildvergrößerung	49
bilinear	55
BMP	68
Browser	196

C

Chromfilter	119, 121
CMYK	96, 99, 232
CMYK-Farbmodell	147
CMYK-Modus	96, 100
Collage	124, 136, 176

D

Datei öffnen	223
Datei-Browser	15, 33, 221
Dateien speichern	26
Dateigröße reduzieren	77
Deckkraft	125, 228
Diffusion	72
Digitalkamera	35
Dither	72
Dithering	72
Dithering-Methoden	72
Drehen, Bild	63
Druck mit Optionen	145

Drucken 139f
   mit Vorschau 140
Druckerei 146, 148
Druckkennlinien 147
Duplikat 220

E

Ebenen 124
   duplizieren 135
   ein- und ausblenden 126, 130
   Fixieren 125
   hinzufügen 134
   neu erstellen 134
   zusammenfassen 137
Ebenenbezeichnung ändern 127
Ebeneneffekte 128f
Ebenenmaske 131
Ebenen-Palette 125, 130
Ebenenstil 42
Effekte
   bearbeiten 130
   mit Filtern 111
Entfärben 107

F

Farbanalyse 99
Farbauswahl 152
Farbbalance 109, 132, 173, 230
Farbbereich auswählen 152
Farbe ersetzen 231
Farbeinstellungen 22
   Drucker 147
Farben
   indizierte 131
   korrigieren 109
   Mischungsverhältnis 230
Farbensystem 96
Färben 39
Farbfelder 40
Farbkanal 104, 155
Farbkorrektur, selektiv 246
Farbmischungsverhältnisse 231
Farbmodus 243
Farbpaletten 68
   feste 68
   flexible 68
   Web 68
Farbschema 23
Farbstich 109

Farbsysteme 232
Farbtiefe 66, 164, 166, 232
Farbton 234
Farbton/Sättigung 38, 132
Farbübergänge 72
Farbungenauigkeiten 219
Farbverläufe 72, 112
Farbverteilung 96, 109
Farbwähler 193
Fehldruck 143
Festplatte 11
Filter 49, 88, 110, 167, 174
   unscharf maskieren 174
   zurücknehmen 117
Fleck retuschieren 88
Foto, unterbelichtet 37
Foto-Montagen 176
Freiformwerkzeuge 151
Freistellen 152, 234
Freistellungswerkzeuge 59, 152, 185
Füllebenen 131
Füllmethoden 125

G

Gammakorrektur 219, 250
Geschke, Charles 17
GIF 67, 164, 183, 186, 203, 225
GIF-Animation 213
GIF-Bild 186
GIF-Format 73, 199
   speichern 69
GIF-Grafik, animiert 135
GIF-Konvertierungsmethode 198
Glanz 128
Gradationskurve 100, 102, 132, 154, 162,
   172, 201, 230, 236
Grafikkarte 11
Graustufenmodus 166

H

Häufigkeit 238
Helligkeit 38, 162, 237
Helligkeit/Kontrast 37, 132
Helligkeits- und Kontraständerung 83
Helligkeitsstufen 232
Helligkeitsverteilung
   umkehren 132
Hilfslinien & Raster 28
Hintergründe 187, 182, 207

Stichwortverzeichnis

Hintergrundseite 200
Histogramm 96, 98, 237
Homepage 182
horizontal spiegeln 43
HTML 190
HTML-Code 45, 48, 189, 197, 203f
HTML-Datei 183, 189, 197

I

ImageReady 14, 21, 45, 48, 194, 196, 203, 210, 225
ImageReady 7.0 181
Installation 19
Internet 182, 194
Internet-Browser 184
Interpolation 239
Interpolationsmethode 54f

J

JPEG 39, 44, 67, 76, 240
JPEG-Format 73, 192
JPEG-Kompressionsverfahren 78
JPG 225

K

Kanäle 94
Kanalmixer 132
Kantenschärfung 176
Kompression 76
   verlustfreie 240
   verlustreiche 240
Kompressionsmethode
   LZW 78
Kompressionsverfahren 73, 239
Kontrast 38, 162, 237
   erhöhen 170
   manuell einstellen 82
   verbessern 82
   verringern 94
   verstärken 94
   zu stark erhöhen 174
Kontraständerung 82
Kontrastkorrektur 172
Konturen-Scharfzeichnungsfilter 176
Konvertierungsmethode 198
Kopierstempel 181
Kratzer
   entfernen 85, 87

L

Lab-Helligkeit 234
Lasso-Symbol 160
Leistungsbeschreibung 13
Lichteffekte 114
Linie für Website 204
Luminanz 231, 238
Lupe 51
LZW 228
   Kompression 78

M

Mal-Engine 15
Malwerkzeuge 13
Markierung
   umkehren 161
Maskieren
   unscharf 174
Maskiermodus 153
Maskierung 232
Maßeinheiten & Lineale 28
Monitor 11
Muster 132
Musterpaletten 25

N

Navigator 52
Negativ
   erstellen 102

O

optimierte Dateien 198

P

Page-Description Language 17
Paletten 33
   Farben 187
PARC 17
Photoshop installieren 19
Photoshop Elements 16
Pinsel 25, 34
Pinseltypen 34
Pinselwerkzeug 117
Pixelkontrast
   erhöhen 175
Pixelwiederholung 54

Plug-Ins ... 21, 244
PNG ... 67, 225
Polygon-Lasso ... 160
Postscript ... 17
Protokollfunktion ... 218
Protokoll-Pinsel ... 118
PSD ... 67, 69, 76f, 170
PSD-Format ... 137

R

Rahmen ... 167
Retuschieren ... 87
RGB ... 96, 99, 232
RGB-Modus ... 96, 100, 105
RLE ... 228

S

Sättigung ... 106, 234
    ändern ... 172
Scannen ... 152
Scanner ... 35, 82, 137
Schärfung ... 174
Scharfzeichnen ... 175
Scharfzeichnungsfilter ... 176
Schatten nach innen ... 128
Schein nach außen ... 128
Schlagschatten ... 128
Schnittstellen ... 12
Schwarzweisbild ... 106
Schwarzweißgrafiken
    erstellen ... 132
Schwellenwert ... 132
Schwingungen
    Filter ... 167
Seite einrichten ... 140f
Seiteneinstellungen ... 141, 245
selektive Farbkorrektur ... 132
Skalierungsfaktor ... 144
Slice ... 196
Slices ... 194, 246
Slice-Tool ... 195
Speichern
    Bild ... 39
    Für das Web ... 205, 207
Spiegeln
    Bild ... 65
Standardabweichung ... 238
Staubkratzer
    entfernen ... 88

Stempel ... 87f
Stempelwerkzeug ... 181
Support ... 31
System-Palette ... 70

T

Texte ... 41, 122, 210
Textgestaltung ... 43
Texthintergrund ... 182
Textwerkzeuge ... 42, 122, 183, 249
TIFF ... 67, 69, 76
TIFF-Format ... 77f
    Basic ... 78
    Enhanced ... 78, 80
Tontrennung ... 133
Tonwertkorrektur ... 90, 97, 132, 171, 219, 236, 250
    manuelle ... 91f, 250
Tonwertspreizung ... 94
Tonwertumfang ... 94
    spreizen ... 171
Transformieren
    freies ... 209, 253
TrueColor ... 67, 73
TrueColor-Modus ... 232
TWAIN
    Schnittstelle ... 35

U

Übertragungsrate ... 226
Umrandung ... 146
Unschärfe ... 88
Updates ... 19, 29
    suchen ... 30
USB-Schnittstelle ... 35

V

Variationen ... 253
Vergrößerungen ... 54
Verlauf ... 132
Verlaufsfunktion ... 156
Verlaufsmaske ... 132
Verlaufsüberlagerung ... 205
Verlaufsumfang ... 132
Verlaufswerkzeug ... 157
vertikal spiegeln ... 43
Vorgaben-Manager ... 254

Stichwortverzeichnis

W

Warnock, John 17
Wasserzeichen 200f
Web Photo Gallery 192
Webdesign 124, 163
Webdesigner 181
Webgalerie 190
Webpalette 68
Weichzeichnen 76
Weichzeichnungsfilter 121
Werkzeuge 32
Werkzeugleiste 32

X

XMP 15

Z

Zentralwert 238
Zusatzmodule & virtueller Speicher 28

Endlich Antwort auf ungeklärte Fragen: die neue Reihe zum Nachschlagen!

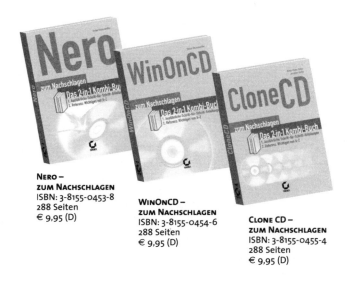

Nero –
zum Nachschlagen
ISBN: 3-8155-0453-8
288 Seiten
€ 9,95 (D)

WinOnCD –
zum Nachschlagen
ISBN: 3-8155-0454-6
288 Seiten
€ 9,95 (D)

Clone CD –
zum Nachschlagen
ISBN: 3-8155-0455-4
288 Seiten
€ 9,95 (D)

Mit Schritt-für-Schritt-Anleitungen und alphabetisch geordneten Einträgen, damit Sie das Gesuchte schnell finden!

Bücher und Software vom SYBEX-Verlag erhalten Sie im Buchhandel, Fachhandel und im Warenhaus oder über das Internet unter www.sybex.de!
SYBEX-Verlag GmbH, Erkrather Str. 345-349, 40231 Düsseldorf
Tel.: 0211/9739-0, Fax: 0211/9739-199, Internet: www.sybex.de

Endlich Antwort auf ungeklärte Fragen: die neue Reihe zum Nachschlagen!

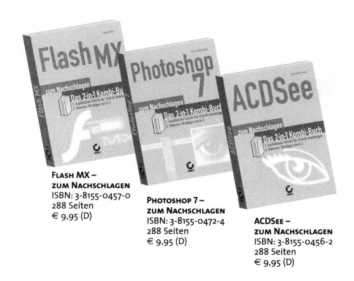

FLASH MX – ZUM NACHSCHLAGEN
ISBN: 3-8155-0457-0
288 Seiten
€ 9,95 (D)

PHOTOSHOP 7 – ZUM NACHSCHLAGEN
ISBN: 3-8155-0472-4
288 Seiten
€ 9,95 (D)

ACDSEE – ZUM NACHSCHLAGEN
ISBN: 3-8155-0456-2
288 Seiten
€ 9,95 (D)

Mit Schritt-für-Schritt-Anleitungen und alphabetisch geordneten Einträgen, damit Sie das Gesuchte schnell finden!

Bücher und Software vom SYBEX-Verlag erhalten Sie im Buchhandel, Fachhandel und im Warenhaus oder über das Internet unter www.sybex.de!
SYBEX-Verlag GmbH, Erkrather Str. 345-349, 40231 Düsseldorf,
Tel.: 0211/9739-0, Fax: 0211/9739-199, Internet: www.sybex.de

Endlich Antwort auf ungeklärte Fragen: die neue Reihe zum Nachschlagen!

**WINDOWS XP UND OFFICE XP –
ZUM NACHSCHLAGEN**
ISBN: 3-8155-0450-3
288 Seiten
€ 9,95 (D) / sFr 18,90

**HTML UND JAVASCRIPT –
ZUM NACHSCHLAGEN**
ISBN: 3-8155-0452-x
288 Seiten
€ 9,95 (D) / sFr 18,90

**INTERNET UND E-MAIL –
ZUM NACHSCHLAGEN**
ISBN: 3-8155-0451-1
288 Seiten
€ 9,95 (D) / sFr 18,90

Mit Schritt-für-Schritt-Anleitungen und alphabetisch geordneten Einträgen, damit Sie das Gesuchte schnell finden!

Bücher und Software vom SYBEX-Verlag erhalten Sie im Buchhandel,
Fachhandel und im Warenhaus oder über das Internet unter www.sybex.de!
SYBEX-Verlag GmbH, Erkrather Str. 345-349, 40231 Düsseldorf,
Tel.: 0211/9739-0, Fax: 0211/9739-199, Internet: www.sybex.de

Bücher zum Thema Videokomprimierung und DVD-Ripping!

VIDEOKOMPRIMIERUNG & DVD-RIPPING – VON ANFANG AN
Sie haben die richtige Software und brauchen nur noch eine gute Anleitung? Dieses Buch führt Sie in die Welt der Videokomprimierung und des DVD-Rippings ein und beantwortet all Ihre Fragen rund um dieses Thema.
336 S. ISBN 3-8155-8053-6, € 20,95 (D)

DVD-RIPPING – PC-SPICKER
In kürzester Zeit auf gewünschte Informationen zum Thema Videokomprimierung und DVD-Ripping zugreifen.
112 S. ISBN 3-8155-0485-6, € 6,95 (D)

VIDEOBEARBEITUNG AM WINDOWS-PC
Angefangen bei der Produktion eines Videos über die Wahl der richtigen Hard- und Softwareausrüstung, der Nachbereitung mittels Schnitt, Ton und Effekten bis hin zur optimalen Verbreitung auf Videokassette, CD-ROM oder im Internet – dieses Buch zeigt, wie professionelle Videobearbeitung funktioniert. 432 S. + CD-ROM.
ISBN 3-8155-0432-5, € 39,95 (D)

Bücher und Software vom SYBEX-Verlag erhalten Sie im Buchhandel, Fachhandel und im Warenhaus oder über das Internet unter www.sybex.de!
SYBEX-Verlag GmbH, Erkrather Str. 345-349, 40231 Düsseldorf,
Tel.: 0211/9739-0, Fax: 0211/9739-199, Internet: www.sybex.de

Gestalten Sie Ihre Website?

Gaming Flash
Um viele Besucher auf Ihre Sites zu locken – von der netten Spielerei zwischendurch über Witziges und Schräges bis hin zu Geschicklichkeitsspielen ist alles vorhanden.
ISBN 38155-6116-7, EAN 9783815561164
€ 15,95 (D)
(unverbindliche Preisempfehlung)

Die 999 schönsten Flash Animationen
Für Webseitenbetreiber und Homepagebastler: 555 nützliche, schöne und witzige Flash Animationen als Film- und Projektdateien. Inkl. Editor.
ISBN38155-9574-6, EAN 9783815595749
€ 25,55 (D)
(unverbindliche Preisempfehlung)

KoolMoves
Mit diesem Tool können Sie animierte Flashfiles im swf-Format erstellen.
ISBN38155-6100-0, EAN 9783815561003
€ 29,95(D)
(unverbindliche Preisempfehlung)

Bücher und Software vom SYBEX-Verlag erhalten Sie im Buchhandel, Fachhandel und im Warenhaus oder über das Internet unter www.sybex.de!
SYBEX-Verlag GmbH, Erkrather Str. 345-349, 40231 Düsseldorf,
Tel.: 0211/9739-0, Fax: 0211/9739-199, Internet: www.sybex.de